JN096199

プラクティス／保育・福祉のはじまり

社会福祉

立花直樹・田邉哲雄・馬場幸子
灰谷和代・西川友理・矢ヶ部陽一 ［編著］

ミネルヴァ書房

はじめに

　少子高齢化，核家族化の進展，障害者の自立と社会参加の進展などにより，社会福祉へのニーズが拡大・多様化しています。これに対応するために，膨大化する国の財政負担を減らし，地方自治体や民間サービスに責任主体や供給主体を転換していくべく，2000（平成12）年に社会福祉基礎構造改革が行われ，「社会福祉事業法」が「社会福祉法」に改正されました。その際，「1. 個人の自立を基本とし，その選択を尊重した制度の確立」「2. 質の高い福祉サービスの拡充」「3. 地域での生活を総合的に支援するための地域福祉の充実」の3つの改革理念を掲げ，①サービス利用者と提供者の対等な関係の確立，②利用者の多様な需要への地域での総合的な支援，③利用者の幅広い需要に応える多様な主体の参入促進，④信頼と納得がえられる質と効率性の向上，⑤情報公開などによる事業運営の透明性の確保，⑥公平かつ公正な費用負担，⑦住民の積極的かつ主体的な参加による地域に根ざした個性のある福祉文化の創造の7つの基本方針が制度や事業の中に位置づけられました。

　さらには，2017（平成29）年に，複合化した課題を抱える個人や世帯に対する支援や「制度の狭間」の問題など，既存の制度による解決が困難な課題の解決を図るため，地域住民による支え合いと公的支援ならびに領域を超えた専門職による連携が連動した包括的な支援体制の構築を目指し，「地域共生社会の実現」をスローガンに再び社会福祉法が改正されました。

　未来志向で法律や制度が改正され様々な事業やサービスが展開されることは意義のあることですが，それから時が経ち，社会福祉基礎構造改革の理念や方針は社会に根づき，地域共生社会は実現されているでしょうか。名ばかりでなく実が必要で，表面だけでなく本質も変化することが重要です。

　スポーツでは勝敗に注目が行きがちですが，家族や地元住民・ファンから

「応援されるチームやプレイヤー」になることが最も重要だと思います。専門職には高度な知識や情報・技術，そして結果が求められますが，最も重要なのは礼儀やマナー・感謝を忘れず，真剣に誠実に，信念をもって援助や支援が必要な要援護児・者（子ども，障害当事者・高齢者など）に向き合い，情熱的に実践を行うことではないでしょうか。

　このような要請に応えるために，アクティブラーニングを体感できる書籍シリーズ「プラクティス／保育・福祉のはじまり」が企画され，本書を第1巻として刊行しました。具体的には「①各章で必要に応じ，Power Point Slide を作成」「②各章の最初に予習課題を，各章の最後に復習課題を提示」「③各章の最終頁には，自らの学びを周囲と共有するための演習シートを掲載」「④よりイメージを高めるために，多様な具体例や実践事例を明記」「⑤本文を補足し可視化するため図表・写真・イラストを挿入」「⑥視覚的な効果を考え，各章の重要語句は太字表記」などの工夫をしながら，初学者からでも理解しやすくかつコンパクトにまとめています。

　尊敬する故・浅野仁先生（関西学院大学名誉教授）は常々「実践は論理を超える」とおっしゃっていました。本書を手に取った皆様が，日々の実践の積み重ねから得られた知見（evidence）を基に新たな論理を構築し，よりよい制度やサービスを生み出し，誰もが住みやすい社会の実現に寄与されることを願っています。

　2024年3月

編者と執筆者を代表して　立花直樹

＊本書内の事例等につきましては，架空のものや実際の事例をもとに再構成したものであったり，当事者の了承を得たりしたうえで掲載しています。

目　次

第 1 章

社会福祉の理念と概念

....

予習課題

日本国憲法第25条について下調べを行い，「健康で文化的な最低限度の生活」につ
いてあなたの考えるイメージを書き出してみましょう。

1 社会福祉とは

　みなさんは「社会福祉」という言葉にどのようなイメージを持たれるでしょうか。社会福祉は「社会」と「福祉」に分けられ，「社会」は人と人が支え合って共に集団生活を行っていることを指しています。「福祉」は「福」と「祉」の漢字が組み合わされた熟語で，どちらの漢字にも「しあわせ」や「さいわい」という意味があります。つまり，「福祉」はそれらの同じ意味を持つ漢字の重なりで，幸せに生きるということを指しています。ゆえに，社会福祉は「人と人が支え合って，幸せに生きていくための方法やサービス」を示した概念ということになります。

　ただし，ひとりひとりの個人が幸せであることは重要ですが，個人だけが幸せになることを社会福祉と呼ぶことはその性質上そぐわないということもいえます。人の幸せの裏には誰かの不幸せが潜んでいる表裏一体の可能性があるためです。ひとりひとりの人が幸せになり，社会にいる人すべてが幸せだと感じるような社会づくりがされることによって，はじめて社会福祉の実現された世界の誕生が可能になるといえます。

　自由な想像力を発揮しながら活動を行うことができ，それを行うために最低限度の生活保障や安全の確保がされなければならないということがおわかりいただけるのではないでしょうか。これこそが現代社会における社会福祉のあり方ということになるのです。

2 日本国憲法から考える社会福祉

　日本は法治国家であるため，生活に関わるすべてのことは法律をもとに成り立っています。

　その順番は図1-1のように日本国憲法を最高法規とし，次いで法律，その下に政令や省令，条例等が続くピラミッド構造となっています。そのため，日

図1-1　日本における法制度の順番
出所：筆者作成。

本国憲法での理念が様々な法律の大元となり，生活全体を支えているという構造になっています。

　また，日本国憲法第25条において，「**生存権**」という理念が存在しており，第1項で「すべて国民は，健康で文化的な最低限度の生活を営む権利を有する」，第2項で「国は，すべての生活部面について，社会福祉，社会保障及び公衆衛生の向上及び増進に努めなければならない」とされています。人が生まれながらにして持っている権利の保障のため児童福祉，障害者福祉，高齢者福祉などを具体的な制度・政策，法律に基づいてみなさんに提供するということを国は実行しています。社会福祉という言葉は日本国憲法の中でこの1回のみ登場してきます。

　その他にも，公共の福祉という言葉が日本国憲法の中では使用されています。日本国憲法においては，基本的人権が保障されており，「**自由権**」「**平等権**」「**社会権**」などがありますが，みなさんのように教育を受ける権利や表現の自由，信教の自由などすべてが保障されています。しかしながら，この権利をひとりひとりが自由にすべて主張するとどうなってしまうでしょうか。おそらく誰か見知らぬ人の人権を侵害してしまうことになるでしょう。このことを防ぐために，日本国憲法ではいくつかの条項において他の人との人権衝突を調整する文言を用意しています。

第12条　この憲法が国民に保障する自由及び権利は，国民の不断の努力によつて，これを保持しなければならない。又，国民は，これを濫用してはならないのであつて，常に公共の福祉のためにこれを利用する責任を負ふ。

第13条　すべて国民は，個人として尊重される。生命，自由及び幸福追求に対する国民の権利については，公共の福祉に反しない限り，立法その他の国政の上で，最大の尊重を必要とする。

第22条　何人も，公共の福祉に反しない限り，居住，移転及び職業選択の自由を有する。
②　何人も，外国に移住し，又は国籍を離脱する自由を侵されない。

第29条　財産権は，これを侵してはならない。
②　財産権の内容は，公共の福祉に適合するやうに，法律でこれを定める。
③　私有財産は，正当な補償の下に，これを公共のために用ひることができる。

これらの条項の中に共通する言葉は何でしょうか。それは，「**公共の福祉**」という言葉です。公共の福祉とは，基本的人権は「誰かひとりの個人が幸せになるためにあるものではなく，多くの日本国民にとっての幸せや利益となること」を指しています。国民ひとりひとりが権利を守られる社会を作っていかなければなりませんが，社会全体として公共の福祉を尊重した社会づくりを進めていくことが，社会福祉の実現には不可欠であるといえるのではないでしょうか。

3　生存権と幸福追求権

1　生存権

　先ほどから日本国憲法の話が出ていますが，第25条において，「生存権」という理念が規定されていることを述べました。第1項はすべての国民が健康で文化的な最低限度の生活を保障されるものとして，その権利を認める内容となっています。つまり，みなさんが保育者として関わるすべての人々（子ども・保護者・地域住民など）がこの対象者として該当するのです。もちろんいうまでもなくみなさん自身もその中に含まれてきます。

　また，第2項では社会福祉，社会保障および公衆衛生の向上および増進について国は責任を持って努力をしなければならないとされています。「**社会保障**」とは国民の「安心」や生活の「安定」を支えるセーフティネットとして使われるものです。社会保険，社会福祉，公的扶助，保健医療・公衆衛生からなり，すべての人々の生活を生涯にわたって支えるものとして構成されています。人は社会の中で生活をしていますが，ときとして傷病，労働災害，退職，失業等のリスクによって生活が急に不安定になることもあります。健康保険や年金，社会福祉制度など法律に基づく公的な仕組みを活用することで健やかで安心な生活を保障することが求められています。

　「**公衆衛生**」とは，医療や保健の考え方に基づき集団全体の疾病予防をし，健康増進や延命を目的とした組織的な措置を行っていくことです。医療と公衆衛生の違いとして，ひとりひとりの病気を調べ，治療方法を検討しながら向き合っていくのが医療であり，何十人，何千人という人の病気やケガを予防し，健康を維持したり増進したりすることを目指していくことが公衆衛生であるととらえるとわかりやすいかと思います。

　「社会福祉」は日本において第二次世界大戦後に使われ始めてきた比較的新しい考え方です。戦争により被災した人，戦地からの引揚をしてきた人などを

5

対象とし，生活困窮者への支援が行われてきました。1946（昭和21）年には（旧）生活保護法が制定され，1947（昭和22）年には児童福祉法，1949（昭和24）年に身体障害者福祉法が制定されることで，福祉三法が確立される流れとなります。戦後日本の復興を加速させていくために，「健康で文化的な最低限度の生活」を失ってしまっている人々の生活を様々な方法を用いて救済することが社会福祉に求められていたのです。

② 幸福追求権

　生存権の大切さについては理解できたかと思いますが，果たしてそれだけで人々は豊かな生活を実現することができるのでしょうか。生活を豊かにするためにお金やサービスが必要であるのは間違いないですが，もっと豊かな生活を送るという視点から見れば，ひとりひとりがしっかりと考えを持ち，自身の思い描く自由な生活を行っていくことも欠かせません。それを実現するために日本国憲法では「**幸福追求権**」が定められています。幸福追求権は日本国憲法の第13条に規定されています。

　　第13条　すべて国民は，個人として尊重される。生命，自由及び幸福追求に
　　対する国民の権利については，公共の福祉に反しない限り，立法その他の国
　　政の上で，最大の尊重を必要とする。

　「公共の福祉に反しない」という制限はありますが，生命，自由および幸福追求に対する国民の権利については最大の尊重を保障されています。自らの意思で積極的に，自分の人生をどのように生きるかに関する重要な決定を自由に実現できるという「自己決定権」を与えられているのです。
　「生存権」と「幸福追求権」により，社会福祉はどのような状況下に置かれている人であっても国の責任において救済されることが明確にされています。どの要素が欠けていても幸せな生活実現は困難になってしまうでしょう。社会は常に変化していますし，その変化に柔軟に対応できるような仕組みはとても

重要なものであると考えます。

4　社会福祉事業法から社会福祉法への変遷と意義

　第二次世界大戦終戦後，GHQ（連合国軍最高司令官総司令部）は，日本の社会福祉制度を確立するうえで，「無差別平等」「必要充足」「公私分離」という3つの原則を求めていました。これを具体化するために1949（昭和24）年にGHQが示したものが，バラバラの状態で存在していた社会福祉行政の実施主体を統合した「社会福祉行政に関する6項目」（通称・6項目提案）です。6項目とは，①厚生行政地区制度の統一的確立，②市厚生行政の再組織，③厚生省により行われる助言的措置および実地事務，④厚生省による民間の社会事業団体の組織管理並びに監督，⑤自発的に行われる社会福祉活動に関する全国的民間社会事業団体（社会福祉協議会の前身）の招致，⑥有給厚生吏員に対する職場訓練計画です。これらの項目を1950（昭和25）年中に完全なる実施ができるようGHQは厚生省に指示しています。これを受け，1950（昭和25）年に社会保障制度審議会は当時の吉田茂内閣総理大臣に対して「社会保障制度に関する勧告」を行いました。

　勧告内では，序説にて「問題は，いかにして彼らに最低の生活を与えるかである。いわゆる人権の尊重も，いわゆるデモクラシーも，この前提がなくしては，紙の上の空語でしかない。いかにして国民に健康な生活を保障するか。いかにして最低でいいが生きて行ける道を拓くべきか，これが再興日本のあらゆる問題に先立つ基本問題である」と述べられている。これは日本国憲法第25条に対して触れられている部分です。また本文中では「これは国民には生存権があり，国家には生活保障の義務があるという意である。これはわが国も世界の最も新しい民主主義の理念に立つことであって，これにより，旧憲法に比べて国家の責任は著しく重くなったといわねばならぬ」とされており，国の責任において国民の生活を守るということが明文化されたものとなります。この勧告に従う形で，社会保障の一環として社会福祉に関する法律作成や組織づくりが

進められてきました。

　この勧告が出された翌年，1951（昭和26）年に社会福祉に関係する事業すべてに共通した基本事項を定めた**社会福祉事業法**が制定されました。同時に民間による福祉への参入を広げるため，社会福祉事業を行うことを目的とした民間の非営利法人としての「**社会福祉法人**」が誕生しました。社会福祉法人は非営利法人でありながら社会福祉事業の他に公益事業や収益事業等も行うことが可能となっていますが，株式会社ではありませんので，利益を追求することはできません。厚生労働省の「令和3年度福祉行政報告例の概況」によると，2021（令和3）年時点での社会福祉法人の数は2万1021件となっており，毎年増加傾向が続いています。

　また，社会福祉法人が誕生するにあたっても，GHQ が関与しています。GHQ は日本が社会福祉制度を確立していくうえで，「公私分離の原則」を求めてきました。公私分離とは，国家責任の下で政府（公）は最低生活保障を行い，政府の責任を民間社会福祉事業者や準政府機関といわれるもの（私）に転嫁してはいけないという考え方のことです。それまでの社会福祉事業は，主に個人または任意の団体，民法上の公益法人等によって行われていました。しかし，社会福祉事業法の第5条（事業経営の準則）の第1項において，次のように定められています。

　第5条　国，地方公共団体，社会福祉法人その他社会福祉事業を経営する者は，左の各号に掲げるところに従い，それぞれの責任を明確ならしめなければならない。
　　一　国及び地方公共団体は，法律により帰せられたその責任を他の社会福祉事業を経営する者に転嫁し，又はこれらの者の財政的援助を求めないこと。
　　二　国及び地方公共団体は，他の社会福祉事業を経営する者に対し，その自主性を重んじ，不当な関与を行わないこと。
　　三　社会福祉事業を経営する者は，不当に国及び地方公共団体の財政的，管理的援助を仰がないこと。

　国や地方公共団体の公的責任を強く求めるとともに，民間への不当関与の禁止，民間による不当な公的支援の要求を禁止することが明記されています。

　しかしながら，第2項では「前項第一号の規定は，国又は地方公共団体が，その経営する社会福祉事業について，要援護者等に関する収容その他の措置を他の社会福祉事業を経営する者に委託することを妨げるものではない」とも書かれており，本来国や地方公共団体が行うべき社会福祉事業を，事業を行う民間に委託することができるとする内容となっています。このことを**措置委託**といいます。公私分離という原則に対して少し矛盾した内容となっていますが，この社会福祉事業法の第5条は，そのままの文面で現在の社会福祉法第61条に引き継がれています。措置とは，行政上の様々な処分のことであり，社会福祉行政の場合，行政庁が社会福祉の対象者に対して行う法に基づく援護や育成などに関わる行政処分のことを指しています。措置委託とは，その措置を民間の社会福祉事業へ委託することを意味しています。

　なぜこの措置委託は必要となったのでしょうか。1つ目には戦後の時代背景があげられるかもしれません。戦後の社会では様々なものが破壊され，地方自治体のみならず民間の組織にも大きなダメージがあったことから，それをサポートすることが求められたということです。また，2つ目には日本国憲法第89条の影響が考えられます。

　第89条　公金その他の公の財産は，宗教上の組織若しくは団体の使用，便益若しくは維持のため，又は公の支配に属しない慈善，教育若しくは博愛の事業に対し，これを支出し，又はその利用に供してはならない。

　特に，この条文の後半部分が影響し，「公の支配に属するような民間法人」を新たに作り出さなければならない状況となりました。つまり社会福祉法人は民間の事業者ではあるものの，大変公的な側面が強い法人となっています。

　社会福祉は社会福祉事業法が成立して以降，多くの変化を遂げてきました。それと同時に社会全体の状況も当時とは大きく違うものとなっています。少子

高齢化，核家族化の進展，障害者の自立と社会参加の進展などにより，社会福祉のニーズの拡大や多様化が進んできています。そのため，これまでの社会福祉に関する共通基盤を大幅に見直す必要が出てきました。2000（平成12）年に**社会福祉基礎構造改革**と銘打って行われた改革では，福祉サービスを提供する事業者とサービスの利用者を対等な立場であると位置づけて，利用者の選択と契約によるサービス利用を原則とし，福祉サービスの多くが「措置から契約」へと移行していくことになります。また同年に，社会福祉事業法は社会福祉法という名前で改定されました。これまでの社会福祉事業法において，行政による「措置」として行われた福祉事業は，対象を生活に困窮した者に限定して，「決められた支援」を一方的に与えるというものでした。社会福祉法では福祉を「サービス」とし，それを利用する人の利益保護を第一目的と位置づけて，主体を利用者本人に置くことに転換していきました。今後の社会福祉は時代の変化に合わせて，さらなる進化を遂げていくことが期待されます。

参考文献

倉石哲也・小崎恭弘編著（2017）『社会福祉』ミネルヴァ書房。
厚生労働省（2023）「令和3年度福祉行政報告例の概況」。

復習課題

日本国憲法は様々な対象者に向けた内容が設定されています。その中で子どもに関係するものを見つけて，書き出してみましょう。

ワークシート　以下の空欄を埋めましょう。⑥は，自由に記述してみてください。

① 社会福祉は「＿＿＿＿＿＿＿＿＿＿＿＿＿＿＿＿＿＿＿＿＿＿＿＿＿＿＿＿」
を示した概念である。

② 日本国憲法を＿＿＿＿＿＿とし，次いで法律，その下に政令や省令，条例等が
続く＿＿＿＿＿＿となっている。

③ 日本国憲法第25条において，「＿＿＿＿」という理念が存在している。

④ ＿＿＿＿＿＿とは，基本的人権は「誰かひとりの個人が幸せになるためにあ
るものではなく，多くの日本国民にとっての幸せや利益となること」を指して
いる。

⑤ ＿＿＿＿＿＿＿＿＿＿＿に対する国民の権利については最大の尊重を保
障されている。

⑥ あなたにとって「社会福祉」とはどのようなものであると思いますか？

＿＿＿＿＿＿＿＿＿＿＿＿＿＿＿＿＿＿＿＿＿＿＿＿＿＿＿＿＿＿＿＿＿＿＿

＿＿＿＿＿＿＿＿＿＿＿＿＿＿＿＿＿＿＿＿＿＿＿＿＿＿＿＿＿＿＿＿＿＿＿

＿＿＿＿＿＿＿＿＿＿＿＿＿＿＿＿＿＿＿＿＿＿＿＿＿＿＿＿＿＿＿＿＿＿＿

＿＿＿＿＿＿＿＿＿＿＿＿＿＿＿＿＿＿＿＿＿＿＿＿＿＿＿＿＿＿＿＿＿＿＿

＿＿＿＿＿＿＿＿＿＿＿＿＿＿＿＿＿＿＿＿＿＿＿＿＿＿＿＿＿＿＿＿＿＿＿

＿＿＿＿＿＿＿＿＿＿＿＿＿＿＿＿＿＿＿＿＿＿＿＿＿＿＿＿＿＿＿＿＿＿＿

＿＿＿＿＿＿＿＿＿＿＿＿＿＿＿＿＿＿＿＿＿＿＿＿＿＿＿＿＿＿＿＿＿＿＿

第 2 章

社会福祉の歴史的変遷

あなたが生まれた年，その25年前と50年前【例：2005年（生まれた年），1980年（25年前），1955年（50年前）】それぞれの，合計特殊出生率と高齢化率を調べて記入しましょう。

	年（生まれた年）	年（25年前）	年（50年前）
合計特殊出生率（%）			
高齢化率（%）			

1　社会福祉の歴史を学ぶ意義

　本章では，明治時代以降，日本ではどのような取り組み，法律や制度を通して，人々の福祉を増進しようとしてきたのかを学びます。また，法律や制度ができた理由や背景，現在までの変遷を学びます。そうすることで，現在ある法律や制度，取り組みについてより深く理解することができ，これから将来へ向けて，私たちが取り組むべき事柄や，進んでいくべき方向性が見えてきます。歴史を学び，現在を知り，そして，将来のよりよい社会を目指します。

2　第二次世界大戦前の社会福祉

　江戸時代が終わり，封建的な共同体は解体され，キリスト教の布教が解禁されました。そしてこの時期，キリスト教徒による**慈善事業**が活発に行われました。しかし，日露戦争，第一次世界大戦，日中戦争と度重なる戦争は，産業を進展させると同時に様々な社会問題を生み出しました。1930年代以降，日本政府は国防目的で様々な社会事業を展開し，法律や制度をつくりました。

1　慈善事業の時代

　明治政府は，1874（明治 7 ）年に公的救済制度である「恤救規則（じゅっきゅうきそく）」を定めました。しかし対象は「無告の窮民（むこくのきゅうみん）」（誰も頼る人がおらず，労働のできない極貧者），具体的には障害者，70歳以上の老衰者，疾病者，13歳以下の孤児のみというきわめて限定的なものでした。
　恤救規則による救済が不十分な中，宗教家や篤志家が慈善救済事業を進めていきました。代表的なものとして，児童養護事業では岡山孤児院（石井十次），知的障害児施設では孤女学院（のちの滝乃川学園：**石井亮一**），犯罪者更生事業の免囚保護所（**原胤昭**（はらたねあき）），非行少年に対する感化教育施設の家庭学校（**留岡幸助**）などがあります。

２　感化救済事業の時代

　日清戦争（1894〜1895年）の頃に綿糸紡績や製糸業を中心とした軽工業が発展し，産業革命が起こりました。産業革命が進展すると，都市部に職を求めて人が集まり，低賃金にあえぐ労働者があふれ，スラム街が出現しました。また，日露戦争（1904〜1905年）が終了しても国の財政状況が回復せず，国民生活の負担が増え，社会不安が増大しました。

　1900（明治33）年に**感化法**ができました。これは，素行不良の少年を感化院に収容し，感化教育による彼らの社会復帰を目指した施策でした。また，国（内務省）は，1908（明治41）年に民間の慈善団体を連絡統制する**中央慈善協会**（全国社会福祉協議会の前身）を設立させ，国内を統制し防貧を図ろうとしました。中央慈善協会では，感化救済事業講習会が開かれるなどしました。**感化救済事業**は，救済事業に感化事業を合わせた活動で，治安維持の目的もあって行われていました。

３　社会事業の時代

　第一次世界大戦（1914〜1918年）で日本経済は活性化し，産業化が進みました。しかし，物価が高騰し，米騒動が発生しました。当時，民主主義を求める大正デモクラシーの思潮もあり，政府は社会連帯を基盤とする**社会事業**を展開することになりました。具体的には，公設市場や簡易食堂，公営住宅などが整備され，借地借家法，健康保険法などが制定されました。

　ただ，十分な救貧施策は恤救規則以外なく，民間の篤志家らが制度の不備を補いました。岡山県の済世顧問制度や，東京府慈善協会による救済委員制度，大阪府の**方面委員制度**などが，その先駆けです。方面委員制度は，現在の民生委員制度の源流で，当時，内務省の支援もあり，全国に普及しました。

　また，新たな救貧法である**救護法**が1929（昭和4）年に成立し，国の責任として貧困救済をすることとなりました。ただし，救護される側に救済を求める権利はなく，選挙権も剝奪されるなどスティグマの伴うものでした。

④ 戦時厚生事業の時代

　日本政府は，1931（昭和6）年の満州事変以降，中国への侵攻を拡大し，その後の第二次世界大戦へと，軍国主義を突き進みました。政府は，戦争に勝つためには国民の体力向上が必要だと考え，1938（昭和13）年に厚生省を設置し，国民健康法を制定しました。また，この年には**社会事業法**も制定され，民間社会事業の奨励と管理を目指しました。さらに，1941（昭和16）年には医療保護法や労働者年金保険法を，1942（昭和17）年には国民医療法を制定するなど，社会的施策が進展しました。この時代，日本の社会事業を規制する法制度が体系化されました。しかし，当時の社会事業は，**戦時厚生事業**と呼ばれ，それらはあくまでも「国防目的達成」のために行われたものでした。

3　第二次世界大戦後の社会福祉

　戦後から2000（平成12）年までを，4期に分けてとらえていきます。第1期は戦後の混乱への対応から，国民主権の福祉制度を整備し始めた時期。第2期は，高度経済成長期。医療保険と健康保険が整備され，福祉国家としての基盤が整えられた時期です。第3期が，福祉制度の見直し期。少子高齢化が進む一方で，経済成長が減退し，財政支出の抑制が必要になってきた時期です。そして第4期が，1989（平成元）年以降の福祉制度改革の時期。少子高齢化に対応した福祉計画が策定され，また，福祉サービスの供給体制が多元化した時期です。

① 第二次世界大戦直後

　第二次世界大戦で敗北した日本は，連合国軍最高司令官総司令部（GHQ）の占領下におかれ，日本政府は，GHQの指示の下，生活困窮者の救済を行いました。GHQは，1946（昭和21）年に「**社会救済に関する覚書**」で社会救済に関する三原則を示しました。それは，①無差別平等，②国家責任および公私分離，

③必要充足を原則としたものでした。政府は1946（昭和21）年に（旧）生活保護法を作成しましたが，覚書の三原則を満たしておらず，1950（昭和25）年に新たに**生活保護法**を制定し直すこととなりました。この（新）生活保護法は，1946（昭和21）年公布の**日本国憲法**の第25条で保障された生存権の規定に基づくものとなりました。

　そのほか，1947（昭和22）年には**児童福祉法**が，1949（昭和24）年には身体障害者福祉法が制定され，いわゆる**福祉三法体制**が整いました。児童福祉法は，単に戦災孤児や浮浪児の保護収容を目的としたものではなく，広く児童一般を対象に，「福祉」の増進を目指すものとなりました。また，1951（昭和26）年には**社会福祉事業法**が制定されました。社会福祉事業に共通する事項（福祉事業の範囲，実施機関，公私関係など）を定めたもので，これにより，現代の社会福祉の基礎構造が構築されました。

2　高度経済成長期

　日本では，1950（昭和25）年に始まった朝鮮戦争を契機に，1973（昭和48）年まで，急激にそして持続的に経済成長を果たしました。それにより，賃金労働者の生活水準は上昇，安定しましたが，都市への人口流出に伴う農村部の過疎化や，核家族化など，新たな福祉問題も生まれました。

　政府は，1958（昭和33）年に**国民健康保険法**を改定し，公的健康保険未加入者に加入を義務づけました。同様に1959（昭和34）年に**国民年金法**を制定し，公的年金保険未加入の国民に加入を義務づけ，**国民皆保険・皆年金体制**を確立させました。

　他方，1960（昭和35）年に精神薄弱者福祉法（現在の知的障害者福祉法）ができ，18歳以上の対象者を入所させ，更生に必要な指導訓練を行う精神薄弱者援護施設を創設しました。また，高齢者の人口増加に伴い，介護問題という新たな課題も生じ，1963（昭和38）年には老人福祉法が制定され，特別養護老人ホームや，老人家庭奉仕員（現在の訪問介護員）が位置づけられました。さらに，1964（昭和39）年には母子家庭の福祉を図るために母子福祉法が制定されました。先

の福祉三法に，精神薄弱者福祉法，老人福祉法，母子福祉法が加わり，**福祉六法体制**となりました。なお，母子福祉法は1981（昭和56）年に母子及び寡婦福祉法となり（寡婦とは，夫と離別または死別後婚姻せず独身，または成人した子ども等（扶養家族）と一緒に住んでいる人のこと），2014（平成26）年には母子及び父子並びに寡婦福祉法となりました。

　経済発展を果たし，これからは国民の生活や福祉の向上を目指そうと，政府は1973（昭和48）年を「**福祉元年**」と位置づけ，社会保障制度の大幅な拡充を図りました。老人福祉法を改正し，老人医療の無料化を全国で実施したり，健康保険法を改正し，被扶養者の給付率を引き上げたり，高額療養費制度を導入したりするなどしました。

　ところが，同じ年の秋に第四次中東戦争が始まり，原油価格が急騰するいわゆるオイルショックが生じました。急激な物価上昇に対応した金融引き締めによって，戦後はじめて日本経済はマイナス成長となりました。その結果，さらなる拡充が期待されていた福祉施策は，方向転換を迫られることとなりました。

③　福祉制度の見直し

　1979（昭和54）年に「新経済社会7カ年計画」が発出され，日本は，「**日本型福祉社会**」を目指すこととなりました。日本経済が下降に転じたため，イギリスやドイツに見られる高福祉高負担（税金は高いが充実した福祉サービスを得られる）の福祉国家政策を目指すのではなく，日本独自のあり方，つまり，個人の自助努力と家庭や近隣・地域社会との連帯を基礎として，中福祉中負担の国家を目指そうとしたのです。日本型福祉社会構想には，国の財政再建を行うために福祉サービスや医療サービスの抑制を行いたいという意図があり，同居家族を「福祉における含み資産」ととらえていました。

　また，増税をせず財政を再建するため，1981（昭和56）年，福祉サービスに「**受益者負担**」（サービスを利用する人が利用料を負担する仕組み）を導入しました。そして，1982（昭和57）年には**老人保健法**を制定し，老人医療費に一部自己負担を導入しました。同様に，健康保険法を改定，費用負担制度を導入し，また，

年金給付率の引き下げなどが行われました。

　1980年代中頃になると，社会福祉事業費のうち国が負担する割合が引き下げられ，自治体の負担率が高くなりました。その一方で，福祉サービスの提供を，社会福祉法人以外の民間機関や団体に委託することが可能になり，民間企業や個人が福祉業界に参入してくることとなりました。

　広く民間事業者が福祉業界に参入してきた際にサービスの質を確保できるように，1987（昭和62）年，**社会福祉士及び介護福祉士法**が制定されました。これにより社会福祉専門職の国家資格化が実現しました。

④　福祉制度改革期

　1980年代後半に入ると，少子高齢化への対応が喫緊の課題となり，「人生50年時代に形成された既存の諸制度，諸慣行を見直し，人生80年時代にふさわしい経済社会システムに転換する必要がある」として，1986（昭和61）年には長寿社会対策大綱がつくられました。その後，1989（平成元）年には**高齢者保健福祉推進十か年戦略**（ゴールドプラン）が策定され，高齢者の保健福祉分野における公共サービスの基盤整備を進めることとなりました。在宅福祉（ホームヘルパー，ショートステイ等），施設福祉（特別養護老人ホーム等）の数値目標を定め，「寝たきり老人ゼロ作戦」を展開しました。しかし，高齢化は想定以上の速さで進み，5年後にはゴールドプランを見直し（新ゴールドプラン），サービスの量的目標数値の引き上げを行いました。

　また，1997（平成9）年には介護サービスに関する社会保険制度を導入するため**介護保険法**をつくり，2000（平成12）年から**介護保険制度**が始まりました。そして，株式会社など民間営利団体が広く福祉サービスに参入することとなりました。

　一方，1989（平成元）年には合計特殊出生率が1.57となり，社会に衝撃を与えました（**1.57ショック**）。政府は1994（平成6）年に「今後の子育て支援のための施策の基本的方向について」（**エンゼルプラン**）と，具体的数値目標を定めた「緊急保育対策等5か年事業」を策定し，これ以降，少子化対策が児童福祉

分野での重点施策となっていきました。

　1997（平成9）年には児童福祉法が大幅に改正され，保育所入所の仕組みは，市町村が入所を決定する「措置制度」から保護者が利用したい保育所を選択し「入所申し込み」を行う方式へと変わりました。また，児童福祉施設の名称も変わり（例：母子寮→母子生活支援施設，養護施設→児童養護施設，教護院→児童自立支援施設），施設の目的に「自立支援」が明記されました。この法律改正は，子育てしやすい環境の整備を図るとともに次代を担う児童の健全な成長と自立を支援するため，21世紀に向けた児童福祉制度を再構築することを目的としていました。⁽¹⁾

　こういった流れの中，1999（平成11）年に厚生労働省が「社会福祉基礎構造改革について（社会福祉事業法等改正法案大綱骨子)」を公表しました。そして，①個人の自立を基本とし，その選択を尊重した制度の確立，②質の高い福祉サービスの拡充，③地域での生活を総合的に支援するための地域福祉の充実を目指すこととしました。

4　2000年以降の社会福祉

　2000（平成12）年以降に制定された法制度の多くは現在も適用されています。それらの説明はほかの章，ほかの教科書に譲り，本節では社会福祉事業法に代わり成立した社会福祉法についてと，権利擁護と虐待防止にまつわる事柄を取り上げます。

1　社会福祉法

　2000（平成12）年に社会福祉事業法が**社会福祉法**に変わりました。これにより，社会福祉制度の主なものが「**措置制度**」から「**利用契約制度**」に変わりました。福祉サービスを利用する人が，サービスの種類や提供事業者を選択し自

---

(1)　厚生省児童家庭局編（1999)『児童福祉五十年の歩み』。

己決定できるようにしたのです。この変更に伴い，2003（平成15）年，障害福祉サービスは原則として「支援費制度」に移行し，サービス利用者は事業所を自分で選んで利用することができるようになりました。そして，利用者保護のための制度（苦情解決の仕組みの導入など）や，事業者による自己評価や情報公開についての規定が設けられました。

2　権利擁護と虐待防止

　2000（平成12）年に，**成年後見制度**が始まりました。これは，精神上の障害により判断能力が不十分であるため，財産の管理や契約といった法律行為における意思決定が困難な人について，本人の権利を守るために選任された援助者（成年後見人等）により，本人を法律的に支援する制度です。

　また，2000年代には，子どもや高齢者，障害者など弱い立場にある人々が虐待を受けたり，搾取されたりすることを防止し，そのような問題が生じたときに対応するための法制度がつくられました。まず，2000（平成12）年に「**児童虐待の防止等に関する法律**」が成立しました。その後，2005（平成17）年には高齢者，2011（平成23）年には障害者に対する各虐待防止法が成立しました。また，2009（平成21）年には被措置児童等虐待対応ガイドラインがつくられました。これは，施設に入所している子どもに対して職員が虐待をしたり，里親が里子に対して虐待を行ったりした場合の対応について方針を定めたものです。

　これまで見てきたように，2000（平成12）年以降，様々な福祉の法制度が整えられ，人々の人権を守る施策が展開しています。しかし，現在の日本社会は，ひきこもり，就職氷河期世代の就労問題，子どもの貧困，ヤングケアラー，8050問題など様々な社会問題を抱えています。多様化，複雑化した課題に対応していくために，新たな法制度がつくられ，取り組みが行われつつあります。

参考文献

稲沢公一・岩崎晋也（2014）『社会福祉をつかむ（改訂版)』有斐閣。

都築光一編著（2021）『改訂現代の社会福祉』建帛社。

橋本好市・宮田徹編（2019）『保育と社会福祉（第3版)』みらい。

古川孝順（2021）『社会福祉学の原理と政策』有斐閣。

「長寿社会対策大綱」（1986年閣議決定）（https://www.ipss.go.jp/publication/j/shiryou/
　no.13/data/shiryou/souron/15.pdf　2024年1月7日閲覧)。

> **復習課題**
>
> 第2節第1項に出てきた人物の中から一人選び，どのような人物だったのかをイン
> ターネットで調べてみましょう。
>
> --
> --
> --
> --
> --
> --
> --

ワークシート　本章に出てきた次の重要用語について，概要を記入しましょう。

① 　恤救規則とは

② 　感化法とは

③ 　国民皆保険・皆年金体制とは

④ 　日本型福祉社会とは

⑤ 　「措置制度」から「利用契約制度」への変更とは

第 **3** 章

子ども家庭支援と社会福祉

1　子どもと家庭を対象とする社会福祉と支援

① 「子ども」とは

　日本の法律において，「子ども」や「児童」という言葉が示す範囲は，実は
あいまいです。言葉の定義は，法律や制度によって違いがあります。

　「子ども・子育て支援法」の「子ども」は，18歳に達する日以後の最初の3
月31日までにある者を指しています（第6条）。

　子どもや家庭に関わる福祉の基本を定めた**児童福祉法**では，「子ども」
の定義はなく，代わりに「児童」の定義が示されています。「児童」は満18歳
に満たない者となっており（第4条），「児童」の中には満1歳未満を指す「乳
児」，満1歳から小学校就学までを指す「幼児」，小学校就学から満18歳までを
指す「少年」という区分があります。なお「少年」には女性も男性も含みます。

　一方，「少年法」の「少年」は，満20歳未満（第2条），「労働基準法」の「児
童」は義務教育期間の終了していない人（第56条）を指します。2022（令和4）
年に公布された「こども基本法」では，「こども」を「心身の発達の過程にあ
る者」としています（第2条）。

　「子ども家庭支援」の対象となる「子ども」とは，何よりも支援を必要とす
る「子ども」です。年齢で細かく切り分けて「この子は対象」「この子は対象
ではない」と扱うのではなく，大人や社会に支援を求める「子ども」（声をあげ
られない子どもも含む）を広くとらえるとともに，様々な制度やサービスをつな
ぐ視点が必要です。

　子どもを育てる第一義的な責任は，子どもの親にあります。ただし，親が子
育てに悩んでいたり，子育てを十分にできる力がないと判断されるといった場
合には，国と地方公共団体が保護者を支援したり，子どもの育ちを考えて，よ
り適切な環境を用意すること（社会的養護）を行います。

② 子どもの権利

　子育ての責任を考える際に重視しておきたいのは，「子どもの権利」です。「子どもの権利条約」（正式には「児童の権利に関する条約」）は，1989年に国際連合によって採択され，日本も1994（平成6）年，この条約に国として同意（批准）しています。

　「**子どもの権利**」の中でも柱となるものが，「**生きる権利**」「**守られる権利**」「**育つ権利**」「**参加する権利**」の4つです。この中には子どもが大人から「〜してもらう」という受動的な権利だけでなく，子ども自身が表現したり行動したりする主体的で能動的な権利が含まれています。

　児童福祉法第1条には「全て児童は，児童の権利に関する条約の精神にのつとり，適切に養育されること，その生活を保障されること，愛され，保護されること，その心身の健やかな成長及び発達並びにその自立が図られることその他の福祉を等しく保障される権利を有する」とあります。「子どもの権利条約」についての文言は，2016（平成28）年の児童福祉法改正によって明記されました。しかし2019（平成31）年には，国連子どもの権利委員会が，日本国内において「学校での体罰禁止が効果的に実施されていない」「家庭での体罰が完全に禁止されていない」と指摘し，いかなる場合でも子どもへの体罰が禁止されるよう求めました。その後，2022（令和4）年に，保護者がもつ子どもへの**懲戒権**（しつけなどを行う権限）が児童虐待の口実になると考えられたために民法から削除され，児童福祉法など関連法においても同様の削除が行われました。

　このように日本における子どもの権利の尊重は，大変ゆるやかな進み方をしており，社会全体で子どもが権利の主体であることを確認する必要があります。

③ 少子化とその対策

　今の日本社会は少子化と高齢化が進んでいるといわれています。少子化の背景にあるものとして，女性の就労拡大や晩婚・非婚の一般化，期待される育児や教育レベルの高度化とそれに合わない若年層の経済状況などが考えられます。

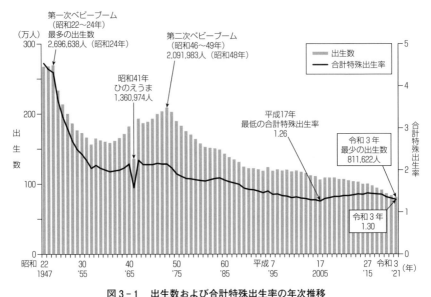

図 3 - 1　出生数および合計特殊出生率の年次推移

出所：厚生労働省（2022）「合計特殊出生率について」4 頁。

待機児童問題は改善されつつありますが，大都市圏を中心として残り続けています。

　子どもが少なく，高齢者が多い社会では，どのような問題が起こるのでしょうか。医療保険や年金保険，様々な福祉サービス等からなる社会保障の多くは，税金をもとに運営されています。働いて税金を納める世帯が少なくなると，社会保障の予算が縮小し，福祉サービスの低下が起こります。

　ひとりの女性が一生のうちに産む子どもの平均人数を**合計特殊出生率**といいます。戦後すぐの第一次ベビーブーム（1947〜1949年）では，合計特殊出生率は4.3。そのときに生まれた子どもが大人になって起こった第二次ベビーブーム（1971〜1974年）では，合計特殊出生率は2.1。その後，ベビーブームは起こらず，出生率は低下を続けました（図3-1）。コロナ禍の影響を受けた2022（令和 4 ）年の合計特殊出生率は1.26となり，2005（平成17）年の最低記録に並びました。

ある国の人口の増減は，自然増減（出生数−死亡数）と社会増減（入国者数−出国者数）の合計で表します。そして，人口が増加も減少もしないバランスのとれた状態の合計特殊出生率を「人口置換水準」といいます。標準的な水準は2.07とされており，日本の合計特殊出生率は「人口置換水準」を大きく下回る状態が続いています。

2015（平成27）年に開始した「子ども・子育て支援新制度」では，消費税の使い道を「子ども・子育て支援」にも開きました。また，保育・幼児教育に関する費用の給付などを含む保育政策の充実を図り，市町村が主体となる「地域子ども・子育て支援事業」を創設（「乳幼児家庭全戸訪問事業」や「妊婦健康診査」「放課後児童クラブ」など13事業）するなど，様々な制度の整備が進められていますが，少子化対策として十分な成果をあげるまでには至っていません。

育児休業を男性も積極的に取得し，職場もそれを推奨することなど，子育ての負担を家庭だけに押しつけず，社会全体でサポートする対策が求められています。なお，満1歳（条件により1歳6か月）に満たない子どもを養育するために働く人が育児休業を申請した場合，職場の責任者は育児休業を与える義務があります。また育児休業は「休暇」ではありません。

④　子どもの貧困

貧困問題には毎日の衣食住に事欠く状態を示す「**絶対的貧困**」と，生活する国や地域の水準と比較して，大多数よりも貧しい状態を指す「**相対的貧困**」という概念があります。「相対的貧困」は所得の中央値の半分（貧困線）を下回っている状態を意味します。日本の子どものおおよそ7人に1人が貧困の中で生活しているとされています。

「相対的貧困」の家庭に育つ子どもは，他の子どもが当たり前に送る生活が自分だけ送れない状態になりやすく，孤立の原因となります。ひとり親世帯，特に母子世帯の半数以上が，「相対的貧困」の状態にあり，対策が急がれます。

筆者は2019（令和元）年以降のコロナ禍の影響を受けて，仕事をなくしたひとり親世帯に，食料や日用品を配布するフードパントリー事業を実施していま

した。対面でのこども食堂の実施が危ぶまれたため，会場滞在時間の少ない形態を選び，保育学生や地域のボランティアとともに大学を会場として実施しました。学生の社会参加や，大学の地域貢献事業としても意義があったと考えています。

2　養育環境に課題がある子どもへの支援

① 児童虐待とその対応

　2021（令和3）年度の全国の児童相談所が受けた児童虐待相談対応件数は20万7660件で，過去最多となっています。2022（令和4）年度の件数はそれを上回る見込みです。2011（平成23）年の数値は5万9919件だったので，10年間で14.7万件以上増えています（図3-2）。

　これは児童虐待についての相談対応の件数が増えているということです。2004（平成16）年，児童福祉法の改正により，児童虐待を受けたと思われる児童を発見した場合，すべての国民に通告する義務が定められました。特に保育所などの児童福祉施設や学校，病院では，児童虐待の早期発見や児童虐待防止のための教育や啓発などに関する努力義務（児童虐待の防止等に関する法律第5条）が定められています。また2015（平成27）年には，**子ども虐待通告の全国共通ダイヤル**（**189番**）が設置され，虐待についての社会的な認知が広がりました。このような変化から，以前は異変に気づいても通報しなかった人が通報するようになったケースがあると考えられます。子どもや保護者と日々接する保育者や子ども関連の対人援助者には，早期発見と対応が求められます。

　児童虐待の要因は様々に考えられます。大きく区分すれば，保護者の育児ストレス，被虐待経験，性格傾向や精神疾患などによる「保護者の心身の状況」，保護者間のDVや貧困世帯，ひとり親世帯であるなどの「養育環境」，子どもが未熟児であることや障害があるなど「子どもの心身の状況」などが考えられます。これらが複合的に絡まって虐待に至るケースも少なくありません。

○令和 4 年度中に，全国232か所の児童相談所が児童虐待相談として対応した件数は
219,170件（速報値）で，過去最多。
※　対前年度比＋5.5%（11,510件の増加）（令和 3 年度：対前年度比＋1.3%（2,616件の増加））
※　相談対応件数とは，令和 4 年度中に児童相談所が相談を受け，援助方針会議の結果により指導や措置等を行った件数。
【主な傾向】
・心理的虐待に係る相談対応件数の増加（令和 3 年度：124,724件→令和 4 年度：129,484件（＋4,760件））
・警察等からの通告の増加（令和 3 年度：103,104件→令和 4 年度：112,965（＋9,861件））
〈令和 3 年度と比して児童虐待相談対応件数が増加した自治体への聞き取り〉
・関係機関の児童虐待防止に対する意識や感度が高まり，関係機関からの通告が増えている。

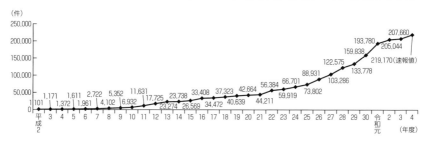

年　度	平成23年度	平成24年度	平成25年度	平成26年度	平成27年度	平成28年度	平成29年度	平成30年度	令和元年度	令和 2 年度	令和 3 年度	令和 4 年度（速報値）
件　数	59,919	66,701	73,802	88,931	103,286	122,575	133,778	159,838	193,780	205,044	207,660	219,170
対前年度比	＋6.3%	＋11.3%	＋10.6%	＋20.5%	＋16.1%	＋18.7%	＋9.1%	＋19.5%	＋21.2%	＋5.8%	＋1.3%	＋5.5%

図 3 - 2　児童相談所における虐待相談対応件数とその推移

注：平成22年度の件数は，東日本大震災の影響により，福島県を除いて集計した数値。
出所：こども家庭庁「令和 4 年度　児童相談所における児童虐待相談対応件数（速報値）」（https://
www.cfa.go.jp/assets/contents/node/basic_page/field_ref_resources/a176de99-390e-4065-a7fb-
fe569ab2450c/12d7a89f/20230401_policies_jidougyakutai_19.pdf　2023年12月31日閲覧）。

　児童虐待の代表例として身体的虐待，ネグレクト（育児放棄），心理的虐待，性的虐待があげられます。かつては身体的虐待が多かったのですが，近年の傾向は心理的虐待が多くなっています（図3-3）。子どもの目の前での保護者間の暴力（**面前DV**）なども心理的虐待に含まれます。性的虐待はかつても今も，少数しか報告されていません。性的虐待の加害者の多くは被害者の家族や親戚，顔見知りであり，被害者が虐待の事実に直面したくない心理状態にある場合や，周囲に知られたくないと考えることがあるため，実態がつかみにくい現状があります。相談報告件数と実際の件数には開きがあり（**暗数**といいます），性的虐

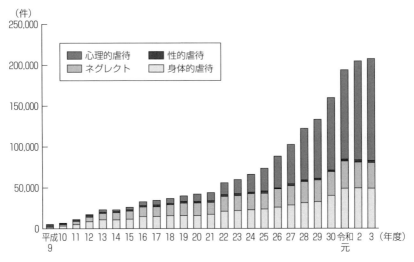

図3-3 児童相談所での虐待相談内容別の割合

出所：児童虐待防止全国ネットワーク「統計データ」(https://www.orangeribbon.jp/about/child/data.php 2023年6月20日閲覧)。

待は最も暗数が多く，そのために深刻であると考えられます。

　児童虐待は未然に防ぐことが最も大切です。また，虐待に気づいた場合は，重篤なものになる前に発見して対応する必要があります。早期発見，早期対応ができれば，その分，子どもの家庭への復帰（**家族の再統合**ともいいます）が早くできると考えられます。

2　社会的養護

　保護者による虐待や貧困，入院，死亡など様々な理由によって家庭での養育が困難になった子どもを，国と地方公共団体が社会的責任において養育し，家庭を支援することを社会的養護といいます。日本における社会的養護は児童養護施設などの児童福祉施設で子どもを養育する「**施設養護**」と里親家庭などで養育する「**家庭養護**」に大別されます。社会的養護の対象となる子どもたちは，できる限り良好な家庭的環境で養育されるべきであるため，児童福祉施設を小規模化することが求められています。この施設において家庭的な養育環境を目

指す小規模化の取り組みを，「家庭的養護」といいます。

　「施設養護」に含まれるものとして，1歳未満の子どもを対象とする「乳児院」，1歳以上18歳未満の子どもを対象とする「児童養護施設」（場合により大学等を卒業するまでの利用が認められます），経済的に困窮している女性，配偶者からの暴力を受けている女性とその子どもを対象とする「母子生活支援施設」，非行や問題行動のある子どもを対象とする「児童自立支援施設」，心理的な支援を必要とする子どもを対象とする「児童心理治療施設」があげられます。

　「家庭養護」に含まれるものとして，保護者に代わって子どもを養育する「里親」（養育里親，専門里親，親族里親，養子縁組里親の4種類があります）と，里親経験者などが5〜6人の子どもを家庭で養育する「小規模住居型児童養育事業（ファミリーホーム）」があげられます。

　厳密には社会的養護ではありませんが，実親との親子関係を離れた子どもを家族の一員として受け入れる「特別養子縁組」という制度があります。里親と里子の関係は，社会的養護の制度上，18歳までとなります。また，里親と里子は苗字が違います。特別養子縁組が成立した場合，戸籍上も実の親子となり，苗字も同じになります。養子縁組里親は特別養子縁組を前提とした一時的な里親です。

　日本全国で，社会的養護で育つ子どもは約4.5万人とされており，その約85％は「施設養護」で育っています。[(1)]施設の中でも大規模のものから小規模のものへ，また里親家庭での養育への転換を目指した「家庭的養護の推進」が示され，2017（平成29）年には「新しい社会的養育ビジョン」として里親委託率を2022（令和4）年までに75％に引き上げることや就学前の子どもの施設入所を原則停止することなどが示されています。

　里親委託率は2019（令和元）年度末の21.5％から，2020（令和2）年度末の22.8％まで上昇しましたが，目標達成までは遠い道のりです（自治体間で格差があります）。

---

(1)　厚生労働省「社会的養育の推進に向けて」平成31年版。

乳児院で社会的養護を受けた後，家庭に戻った子どもが保育所やこども園に通う場合や，児童養護施設から幼稚園，小学校に通園，通学する場合があります。保育者や子どもに関わる専門職の人は，児童相談所，福祉事務所，児童福祉施設など子ども家庭福祉の専門職や病院，療育施設などと連携を求められる場合があることを意識しておきましょう。

❸　保育所保育士と施設保育士

　児童福祉施設には**入所型**と**通所型**があります。入所とは生活全体をその施設内で行うものを指します。児童養護施設や乳児院が入所型施設の代表です。一方，通所とは利用者が自宅から施設に通い，また自宅に戻るものを指します。保育所が通所型施設の代表です。保育所を児童福祉施設とは考えにくいかもしれませんが，保育所は最も数が多い児童福祉施設です。

　養成校などで学び，保育士資格を取得すると，保育所や幼保連携型認定こども園の保育所部分で働けるほか，児童養護施設などの児童福祉施設で働くことができます。それぞれ保育所保育士，施設保育士といいます。入所型施設の中で保育士が最も多く働いているのは児童養護施設です。

　保育所保育士は０歳から小学校就学前までの子どもの生活の基礎を支え，遊びを通して子どもたちが様々な経験を持てるように導きます。また小学校就学に向けて学びの基礎を準備することも求められています。

　保育士の業務には，子どもの保育だけでなく保護者に対する**保育指導**があります。保護者は毎日，子どもを連れて保育所にやってきます。朝夕の時間は保育所保育士にとって保護者から家庭の様子を聞き取ったり，相談に対応したりする貴重な時間です。保護者からの相談は子どもの育ちに関するものだけでなく，家庭の不和や仕事の悩みもあります。それらの多くが子どもの育つ家庭環境に関わるものです。無理な対応をする必要はありませんが，保育士の仕事には子どもと直接関わること以外もあることを意識しておきましょう。

　一方，施設保育士の業務はその施設ごとに違いがありますが，入所施設であることから，子どもに対する家庭的な関わりが基本になります。施設保育士は

日勤，夜勤など様々な形態で働きながら24時間365日，子どもの生活を支えます。朝，朝食を準備して子どもを起こし，幼稚園や学校に子どもを送り出し，子どもがいない間に掃除や洗濯，職員会議などを行います。子どもが帰ってきた後は，一緒に遊んだり学校の宿題を見たりして，夕食や入浴の準備を行い，低年齢の子どもから寝かしつけていきます。学校などの参観や面談には，親代わりとして参加します。

　施設保育士も子どもの入所理由に応じて，保護者対応をします。虐待などの不適切な養育行動をしてしまった保護者にも子どもを思う気持ちがありますし，子どもは虐待をする親でも大切に思っているものです。施設を離れてもう一度，親子で生活できる状態に戻るために，施設保育士は児童相談所など関係機関と連携しながら保護者との面談や電話などでの情報交換を行います。施設での子どもの様子を伝え，保護者の生活状況を聞き取りながら家庭環境の修復を図ります。

［復習課題］

児童虐待はなぜ起こるのでしょうか。要因や背景，改善方法について調べてみましょう。調べた内容を何人かで見せ合ってください。

ワークシート　本章の内容を踏まえて，以下の設問に答えましょう。

① 「子どもの権利」の４つの柱について，それぞれの権利が損なわれた状態では，どのようなことが起こるでしょうか。また，子どもの権利を守るために，あなたにできることは何でしょうか。

「生きる権利」が損なわれた状態とは

　　そうしないために

「守られる権利」が損なわれた状態とは

　　そうしないために

「育つ権利」が損なわれた状態とは

　　そうしないために

「参加する権利」が損なわれた状態とは

　　そうしないために

② あなたに今，子どもができたとしたら，生活はどのように変わるでしょうか。また，どのようなサービスがあれば生活しやすいでしょうか。

私に今，子どもができたら……

こんなサービスがあれば生活しやすいと思う

第 4 章

社会保障および社会福祉の制度と法体系の概要

....

予習課題

あなたの身の周りの人，家族や親戚，友人などで，生活するうえで困り事を抱えている人はいるでしょうか。その人の困り事について，その人が住んでいる自治体ではどんな福祉サービスがあるか調べてみましょう。

1 1950年「社会保障制度に関する勧告」

1950（昭和25）年に国の社会保障制度審議会から出された「社会保障制度に関する勧告」では，社会保障制度を，①社会保険，②公的扶助（当時は「国家扶助」とされていました），③公衆衛生および医療，④社会福祉の4つに分けて体系づけており，これが日本の社会保障の最もポピュラーな分類になっています[1]。つまり社会福祉は，社会保障制度という大きな枠組みの中の一部であるといえます。

2 わが国の社会福祉法制度の基盤

① 日本国憲法

日本の最高法規である日本国憲法は，あらゆる法律・制度の上位の存在となっています。特に以下の条文は，社会福祉の法律・制度がつくられる際の重要な根拠になっています。

第13条　すべて国民は，個人として尊重される。生命，自由及び幸福追求に対する国民の権利については，公共の福祉に反しない限り，立法その他の国政の上で，最大の尊重を必要とする。

第25条　すべて国民は，健康で文化的な最低限度の生活を営む権利を有する。
②　国は，すべての生活部面について，社会福祉，社会保障及び公衆衛生の向上及び増進に努めなければならない。

---

(1) 室田保夫・倉持史朗・蜂谷俊隆編著（2018）『社会福祉』ミネルヴァ書房，90頁。

この第13条は幸福追求権，第25条は生存権といわれています。これらの考え方を基盤に様々な社会福祉の法制度がつくられています。

②　日本が加入している社会福祉や人権に関わる条約

条約とは「国家間の合意で，法的拘束力をもつもの[(2)]」です。日本国憲法では，条約について第98条第2項に「日本国が締結した条約及び確立された国際法規は，これを誠実に遵守することを必要とする」と書かれています。わが国が批准している条約で社会福祉や人権に係るものの例を以下に紹介します。

○児童の権利に関する条約（1989年国連で採択，日本は1994年に批准）

この条約には子どもの「生きる権利」「育つ権利」「守られる権利」「参加する権利」について定められており，「児童の最善の利益」が重視されています。それまでの児童の権利に関する国際的なルールにあった「愛される」「守られる」といった受動的な権利だけでなく「意見を表明する」「参加する」など，子どもの能動的な権利を明記し，定めているところに特徴があります。

○障害者の権利に関する条約（2006年国連で採択，日本は2014年に批准）

この条約は，すべての障害者の人権および基本的自由の完全かつ平等な享有を促進，保護および確保することと，障害者の固有の尊厳の尊重を促進することを目的として採択された条約です。「私たち抜きで私たちのことを決めないで（Nothing About Us Without Us）[(3)]」という考え方のもと，多くの障害当事者の参画があり，作成されました。

社会福祉や人権に関わるその他の条約の例として，国際人権規約，女子に対するあらゆる形態の差別の撤廃に関する条約（女子差別撤廃条約）などがあげられます。

---

(2)　新村出編（2008）『広辞苑（第6版）』岩波書店。
(3)　外務省（2018）「障害者権利条約」パンフレットより。

3 福祉六法

　現在の日本の社会福祉に関する法制度の体系は，第二次世界大戦直後から構築されました。まず，戦後まもなく制定された社会福祉関係の3つの法律があります。

○児童福祉法（1947年）

　この法律は18歳未満のすべての者の健康や生活，教育を保障するものとして成立しました。その後，何度も改正がなされましたが，特に2016（平成28）年には第1条に，子どもは「児童の権利に関する条約の精神にのつとり」成長や発達を保障される権利を有する，と明記され，子どもが権利を行使する主体者として位置づけられるという大きな改正がなされました。

○身体障害者福祉法（1949年）

　身体障害者の自立と社会経済活動への参加を促進するため，身体障害者を援助および必要に応じて保護することで，身体障害者の福祉の増進を図ることを目的とした法律です。

○生活保護法（1950年）

　「健康で文化的な最低限度の生活」を国が保障する法制度です。すべての国民に対し，その困窮の程度に応じ，必要な保護を行い，その最低限度の生活を保障するとともに，その自立を助長することを目的として成立しました。1946（昭和21）年に一度つくられましたが，不十分な点が多く，1950（昭和25）年に改めて制定されました。

　戦後の復興に向けて，福祉ニーズの高い対象に喫緊に働きかけるために成立した上記3つの法律を**福祉三法**といいます。
　その後日本は高度経済成長期を迎え，人々の生活は豊かになっていきました。

その一方，この成長の波に乗り切れず，貧困に取り残される人もいました。このような人々に対する社会福祉に関係する代表的な法律として以下のものがあります。

○知的障害者福祉法（1960年）

　成立時は精神薄弱者福祉法という名前でしたが，1998（平成10）年に現在の名前に改正されました。知的障害者の自立と社会経済活動への参加を促進するため，援助および必要に応じ保護することで，知的障害者の福祉を図ることを目的とした法律です。

○老人福祉法（1963年）

　老人の福祉に関する原理を明らかにし，老人の心身の健康の保持と生活の安定のために必要な措置を講じることで，その福祉を図ることを目的として制定されました。

○母子及び父子並びに寡婦福祉法（1964年）

　成立時は母子福祉法という名前でしたが，何度か改正を経て，2014（平成26）年に現在の名前になりました。母子家庭等および寡婦の福祉に関する原理を明らかにするとともに，母子家庭等および寡婦の生活の安定と向上のために必要な措置を講じることで，母子家庭等および寡婦の福祉を図ることを目的としています。

　この3つの法律と，先にあげた福祉三法を合わせて，**福祉六法**といいます。この福祉六法は以後現在まで続く日本の社会福祉体制の基盤となっています。

3　様々な社会福祉分野の法律

1　社会福祉分野全体に関わる法律

○社会福祉法（1951年）

　戦後すぐに社会福祉事業法として成立しましたが，2000（平成12）年に現在の名前に改正されました。社会福祉に係る事業の共通的基本事項を定めています。福祉サービスの利用者の利益の保護と地域福祉の推進とともに，社会福祉事業の公明かつ適正な実施および健全な発達を図ることで社会福祉の増進に資することを目的とした法律です。

2　子どもに関わる法律

○こども基本法（2022年）

　児童の権利に関する条約の国内法として成立しました。こども施策の基本理念を定め国の責務等を明らかにし，こども施策の基本となる事項を定めるとともに社会全体としてこども施策を総合的に推進することを目的としています。[4]

○児童虐待の防止等に関する法律（2000年）

　児童虐待の定義や，児童虐待に対する公的責任，国民の通報義務などについて明記されています。また，児童虐待が人権侵害であることも記されています。

3　低所得者に関わる法律

○生活困窮者自立支援法（2013年）

　様々な事情により，経済的に困窮し，最低限度の生活を維持することができなくなるおそれのある人たちに対して，相談援助，給付金の支給その他の支援

---

(4)　日本財団「こども基本法プロジェクト」(https://kodomokihonhou.jp/activities/　2023年9月1日閲覧)。

表4-1　その他様々な社会福祉分野の法律の例

社会福祉分野全体に関わる法律	：○民生委員法　○特定非営利活動促進法 　○社会福祉士及び介護福祉士法
子ども・子育てに関わる法律	：○少子化社会対策基本法　○子ども・子育て支援法
低所得者に関わる法律	：○ホームレスの自立の支援等に関する特別措置法
高齢者に関わる法律	：○高齢者の医療の確保に関する法律 　○高齢者の居住の安定確保に関する法律
障害者に関わる法律	：○精神保健及び精神障害者福祉に関する法律 　○発達障害者支援法
様々な福祉ニーズに関わる法律	：○国民年金法　○困難女性支援法 　○配偶者からの暴力の防止及び被害者の保護等に関する法律

出所：筆者作成。

を講じることで，自立の促進を図ることを目的とした法律です。

④　高齢者に関わる法律

○介護保険法（1997年）

　介護を必要とする人がその尊厳を保持し，その有する能力に応じて自立した日常生活を営むことができるような保健医療福祉サービスの給付を行うための介護保険制度と，その保険給付について必要な事項を定めた法律です。

○高齢者虐待の防止，高齢者の養護者に対する支援等に関する法律（高齢者虐待防止法）（2005年）

　高齢者の尊厳の保持にとって高齢者虐待の防止がきわめて重要であることなどを鑑み策定されました。高齢者虐待の防止に関する公的責任，被虐待高齢者の保護のための措置，高齢者虐待の定義，養護者の負担の軽減を図る等高齢者虐待の防止に資する支援などについて書かれています。

5　障害者に関わる法律

○障害者の日常生活及び社会生活を総合的に支援するための法律（障害者総合支援法）（2012年）

　障害児者が基本的人権のある個人としての尊厳にふさわしい日常生活または社会生活を営むことができるよう，必要な支援を総合的に行い，もって障害児者の福祉増進を図るとともに，障害の有無にかかわらず国民が相互に人格と個性を尊重し安心して暮らせる地域社会の実現に寄与するための法律です。

○障害を理由とする差別の解消の推進に関する法律（障害者差別解消法）（2013年）

　すべての障害者が，基本的人権を享有する個人として尊厳が重んぜられ，その尊厳にふさわしい生活を保障される権利を有するとしています。そのうえで，障害を理由とする差別の解消の推進に関する基本的事項等を定めることで，すべての国民が，相互に人格と個性を尊重し合いながら共生する社会の実現に資することを目的とした法律です。

4　社会と呼応する法律や制度

1　時代や社会に応じた法制度の変化

　表4-2は社会福祉法の第1条と第3条の移り変わりを表したものです。これを見ると，戦後すぐの1951（昭和26）年には，社会福祉事業の対象は限定的であり，援助の目的も現代とはずいぶん違っていることが読み取れます。そこから約40年経過した1990（平成2）年前後，高齢者の在宅福祉サービスが法的に明確化され，高齢者や身体障害者に関する様々な事務が都道府県から市町村に移譲されました。1980年代に広まったノーマライゼーションの考え方も背景に，「地域において」「あらゆる活動に参加する機会」を大切にすることが重視

表4-2　社会福祉法（社会福祉事業法）改正の推移

1951年　社会福祉事業法成立時	1990年　社会福祉事業法改正時	2000年　社会福祉法に改正時
第1条　この法律は，社会福祉事業の全分野における共通的基本事項を定め，生活保護法（昭和25年法律第144号），児童福祉法（昭和22年法律第164号），身体障害者福祉法（昭和24年法律第283号）その他の社会福祉を目的とする法律と相まつて，社会福祉事業が公明且つ適正に行われることを確保し，もつて社会福祉の増進に資することを目的とする。 第3条　社会福祉事業は，援護，育成又は更生の措置を要する者に対し，その独立心をそこなうことなく，正常な社会人として生活することができるように援助することを趣旨として経営されなければならない。	第1条　この法律は，社会福祉事業の全分野における共通的基本事項を定め，生活保護法（昭和25年法律第144号），児童福祉法（昭和22年法律第164号），母子及び寡婦福祉法（昭和39年法律第129号），老人福祉法（昭和38年法律第133号），身体障害者福祉法（昭和24年法律第283号），精神薄弱者福祉法（昭和35年法律第37号）その他の社会福祉を目的とする法律と相まつて，社会福祉事業が公明且つ適正に行われることを確保し，もつて社会福祉の増進に資することを目的とする。 第3条　国，地方公共団体，社会福祉法人その他社会福祉事業を経営する者は，福祉サービスを必要とする者が，心身ともに健やかに育成され，又は社会，経済，文化その他あらゆる分野の活動に参加する機会を与えられるとともに，その環境，年齢及び心身の状況に応じ，地域において必要な福祉サービスを総合的に提供されるように，社会福祉事業その他の社会福祉を目的とする事業の広範かつ計画的な実施に努めなければならない。	第1条　この法律は，社会福祉を目的とする事業の全分野における共通的基本事項を定め，社会福祉を目的とする他の法律と相まつて，福祉サービスの利用者の利益の保護及び地域における社会福祉（以下「地域福祉」という。）の推進を図るとともに，社会福祉事業の公明かつ適正な実施の確保及び社会福祉を目的とする事業の健全な発達を図り，もつて社会福祉の増進に資することを目的とする。 第3条　福祉サービスは，個人の尊厳の保持を旨とし，その内容は，福祉サービスの利用者が心身ともに健やかに育成され，又はその有する能力に応じ自立した日常生活を営むことができるように支援するものとして，良質かつ適切なものでなければならない。

注：下線部は特に大きく変化する部分である。
出所：筆者作成。

された改正がなされたことがわかります。さらに2000（平成12）年には，日本社会に生きる多くの人が直面するであろう介護問題に対する福祉サービス「介護保険制度」が本格的に始まり，福祉サービスが特定の福祉ニーズを持った人に向けた限定的なサービスではなく，地域に住む人すべてを対象としたものになるという大きな転換期を迎えました。福祉サービスの考え方が「措置から契約へ」と大きく改革され，福祉サービスの目的は「個人の尊厳の保持」のために行われることが明記され，利用者の「利益の保護」や「地域福祉の推進」を目指した改正が行われました。

　このように，法律や制度は，時代や社会に応じてつくられ，改正されるということがわかると思います。つまり，みなさんが今，社会に対しておかしい，苦しい，変だ，と感じることがあるならば，今後それを変えていく法律や制度が出来てしかるべきであるといえます。

　法制度は難しいもので，自分の普段の生活と直接関係のない話だと感じる人もいるかもしれません。しかし，どんな法制度も，社会で生活をする人ひとりひとりの声が集まり，一般市民の「困り感」に社会としてどう取り組むか，というところからつくられるのです。対人援助職になる人は実践報告や研究発表の機会などで多くの人に伝える機会がありますし，たとえ専門職にならなくても，どんな市民でも，パブリックコメント等，自らの意見を行政に届ける機会があります。「この社会の幸せ」つまり「社会福祉」をより確かなものにしていくために，様々な機会を通じて，声をあげることができるのです。

参考文献

小六法編集委員会編（2023）『福祉小六法　2023年版』みらい。

（復習課題）

予習課題で調べた福祉サービスはどんな法律に基づいて実施されているか，調べてみましょう。

ワークシート　本章の内容を踏まえて，以下のことに取り組みましょう。

① 　現代において，あなたが社会問題だと感じることについて，どんな法律や制度があるか調べてみましょう。法律や制度がなければ，どんな法律や制度をつくるといいか考えてみましょう。もし法律や制度はあるのに，そこに書いてある理念が十分達成されていないと感じるならば，何を変えたり，加えたり，減らしたりするといいか，考えてみましょう。

② 　調べたり考えたりした点について，数人のグループで意見交換をしてみましょう。

グループで出た意見

第 5 章

社会福祉の行財政と実施機関

予習課題

あなたが住む都道府県や市町村において実施されている，福祉に関する制度や実践
内容を調べてみましょう。

1　社会福祉の仕組み

　社会福祉の実施体制としては，①国の役割，②都道府県の役割，③市町村の役割の大きく３つに分けて考えることができます。それぞれの役割や関係，財源，組織や各種団体，専門職の基本的な役割をおさえて理解することが重要です。

1　国の役割

　国の役割としては，社会福祉に関する法律の作成から政策の企画や立案など，わが国における社会福祉の基本となる制度を立ち上げることが中心になります。社会福祉の取り組みを実施する際には，各種にわたる法令を立ち上げ，具体的に実施される事柄が決められます。法律を基盤として，その内容を行うにあたって具体的内容を記した**最低基準**，要綱など，**法律や条例**[(1)]を補うための様々な[(2)]取り決めがあります。社会福祉における基盤，基礎となる部分を作り上げ，都道府県に実施を依頼していくのが大きな働きとなります。

2　都道府県の役割

　都道府県の役割としては，国が立ち上げた制度をそれぞれの区域内で実施することがあげられます。具体的には，該当する区域にある市町村に対する連絡調整を行いながら，広域にわたる業務の実施などに取り組んでいます。そのほか，市町村に対する情報の提供や，職員研修や援助も重要な業務となっています。また，市町村に対して，業務の適切な遂行に必要な助言を行ったり，相談に応じたりすることも大切な業務となっています。

3　市町村の役割

　地域住民にとって一番身近に感じるのは市町村であるといえます。市町村は

---

(1)　設備や人員の配置，運営に関する内容と基準を定めたもの。

(2)　地方公共団体が国の法律とは別に定める自主法。

基礎自治体⁽³⁾として，地域住民に対して様々なサービスの提供を図ります。また，市町村には**政令指定都市**⁽⁴⁾と**中核市**⁽⁵⁾がありますが，どちらも道府県と同様の権限と業務を担っており，社会福祉の実施主体として明確に位置づけられています。

　市町村の業務を具体的にあげてみると，①実情の把握，②情報の提供，③必要に応じて相談，調査，指導を行う，④これらに付随する業務を行うという4つをあげることができます。また，専門的な知識および技術を必要とするものについては，都道府県に技術的援助および助言を求めることが必要とされています。これは都道府県との上下関係を示しているものではなく，対象者にとって公平で必要な支援が実施されるための取り決めといえます。

4　国と地方の関係

　国と地方公共団体（都道府県・市町村の総称）との関係ですが，国の指揮監督による上下関係ではなく，対等な関係性で分担しています。これは，1999（平成11）年の地方分権一括法により，地方分権（地方の権限を大きくし，自主的に決められる幅をひろげる）が進められたものによります。

　それまでの国と地方公共団体との関係は機関委任事務といって，国の機関が地方の機関に指図をして，実に多くの仕事を指示していました。このような状態では，地方公共団体（都道府県や市町村）は自分自身の区域での必要性に取り組むことができませんでした。そこで新たに**法定受託事務**と**自治事務**という新たな制度を設けました。

　法定受託事務とは，本来国がしなくてはならない仕事の中から，地方に任せている仕事を指します。戸籍関係の取り扱い，生活保護，選挙や旅券の発行などがこれにあたります。また，自治事務とは，法定受託事務以外のもので，介護保険に関すること，小中学校の設置管理，飲食店経営の許可，病院や薬局の開設許可などがこれにあたります。

---

(3)　国の行政区画の最小単位で，市町村と特別区（東京23区）がこれにあたる。

(4)　法定人口が50万人以上で，なおかつ政令で指定された市。

(5)　人口30万人以上で，政令指定都市並みの権限を持つ市。

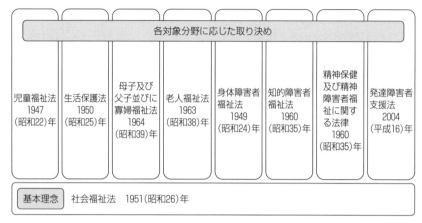

図5-1　社会福祉の基本理念と法

出所：山田美津子・稲葉光彦編（2013）『社会福祉を学ぶ（第2版）』みらい，57頁より一部筆者改変。

　いずれも，国家が国民に対して保障する最低限の生活水準を指す，**ナショナ ルミニマム**[(6)]の考え方がその基盤にあるといえます。

⑤　社会福祉の法体系

　社会福祉を具体的に実施していくための取り決めとしては多種多様な取り決め（法律）が策定されています。社会福祉の基盤となる社会福祉法には基本的な事項が定められていて，それを社会福祉の基本理念・方針と位置づけて各対象分野に応じた法律が策定されています（図5-1）。

　また，社会福祉の法体系は，法の性格として，表5-1のように分類されます。

⑥　社会福祉の実施体制

　社会福祉の実施体制については，国と地方公共団体において役割が定められています。国の役割としては，①企画立案，②基準設定，③調査研究，④財政

---

(6)　イギリスのウェッブ夫妻（Webb, S. / Webb, B.）が提唱した概念。

表 5-1　社会福祉の法体系（主に子どもに関わるもの）

①　基本法 少子化社会対策基本法　こども基本法　など
②　所得保障法 生活保護法　児童手当法　児童扶養手当法　特別児童扶養手当等の支給に関する法律　など
③　福祉サービス法 次世代育成支援対策推進法　児童福祉法　児童虐待の防止等に関する法律 児童買春，児童ポルノに係る行為等の処罰及び児童の保護等に関する法律 母子及び父子並びに寡婦福祉法　こども基本法　など
④　組織・資格法 社会福祉法　民生委員法　社会福祉士及び介護福祉士法　精神保健福祉士法　など

出所：石田慎二・山縣文治編著（2017）『社会福祉（第 5 版）』ミネルヴァ書房，33頁より一部筆者改変。

負担などがあげられ，具体的な事柄としては，**社会保障審議会**[(7)]の運営，**民生・児童委員**[(8)]の委嘱などがあげられます。

　地方公共団体の役割は社会福祉の具体的活動を担う期間として，都道府県と市町村によって分けられます。都道府県は身体障害者更生相談所，知的障害者更生相談所，児童相談所，婦人相談所の設置を受け持っています。また，国と同様，地方社会福祉審議会の設置もされています。

　市町村については，在宅福祉サービスの提供等，障害福祉サービスの提供等に関する事務，福祉事務所の設置を受け持っています。また，市には社会福祉法人の認可，監督という役割もあります。

　そのほか，都道府県と市町村に設置される機関として，福祉事務所があげられます。都道府県と市には必置（必ず設置しなければならない）とされ，福祉に関する様々な事務や相談を受ける機関とされています。

　このように，社会福祉の実施体制として国と都道府県，市，町村で受け持つ役割が違うことを理解しておくことは必要でしょう。

⑦　こども家庭庁の設立

　こども家庭庁は，今まで内閣府や厚生労働省が担っていた様々な取り組みを

----

(7)　厚生労働大臣の求めに応じて，各制度の審議や調査を横断的に行う機関。

(8)　市長が適任と認めた者を厚生労働大臣に推薦し，同大臣から委嘱される。

一元化するために設立された内閣府の外局です。2023（令和5）年4月に発足しています。今まで内閣府に置かれていた子ども・子育て本部や，厚生労働省の子ども家庭局は，こども家庭庁に移管されています。文部科学省や厚生労働省，内閣府などに分散していた，子どもに関連する担当をまとめることにより，社会全体で子どもを育てることを目標として立ち上げられた行政機関です。また，同じ時期に**こども基本法**も施行されています。この法律では，子どもに関する施策の基本的な理念を明確にするとともに，国や地方公共団体に若者や子どもの意見を聞くことを義務づけています。

　こども家庭庁の中は大きく3つの部門（企画立案・総合調整部門，成育部門，支援部門）に分けて，子どものために必要な政策の立案や具体的な支援が行われています。

2　福祉の財源

　様々な福祉活動を実施するためには予算が必要となります。その財源は以下の通りです。

① 国の財政

　国の財政は，**一般会計**（国の一般の歳入・歳出を指す会計であり，税金等を財源として，教育や社会保障などの基本的経費を賄うもの）と**特別会計**（一般会計と区分して取り扱う必要があるもの）に分けられています。社会福祉財政は，一般会計の中にある社会保障関係費の中に含まれています。近年，わが国における社会保障関係費は増加の一途を辿っていて，近年では医療と年金の項目で増加額が目立っています。[9]

---

(9)　国立社会保障・人口問題研究所「令和2（2020）年度　社会保障費用統計の概要」（https://www.ipss.go.jp/ss-cost/j/fsss-R02/R02-houdougaiyou.pdf　2023年8月25日閲覧）。

表5-2 応能負担と応益負担

応能負担	利用者が負担できる能力に応じて支払額が決まる。指標としては前年度の納税額から算出される。
応益負担	利用者が福祉サービスを受けることによって得られた利益の程度によって支払額が決まる。

出所：筆者作成。

2 地方の財政

地方公共団体の財政は，国からの国庫支出金や地方交付税交付金の配分が決定した以降に組まれます。普通会計の項目として民生費が設定されていて，さらに社会福祉費，児童福祉費，老人福祉費，生活保護費，災害救助費に分けられています。民生費の中で最も支出が多いのは**児童福祉費**であり，社会福祉費，老人福祉費，生活保護費が順に続いています。[10]

3 保険料財源

年金保険や医療保険，失業保険の加入者である被保険者（労働者）と雇い主である職場が，それぞれの保険の割合によって国に支払われる保険料によって賄う方法です。

福祉の各分野で実施される支援（福祉サービス）は基本的には無料ではなく，サービスを利用する者に一定額の負担がかかります。これには大きく2つの方式（応能負担と応益負担）があります（表5-2）。各サービスの分野によって負担方式に違いがあります。

4 民間の財源

民間の財源としては，共同募金があげられます。都道府県をひとつの単位として，厚生労働大臣の定める期間内に年1回実施される寄附金募集による事業です。全国から集められた寄附金は原則として，社会福祉を営んでいる団体に

---

[10] 総務省「地方経費の内容」（令和4年版地方財政白書）（https://www.soumu.go.jp/menu_seisaku/hakusyo/chihou/r04data/2022data/r04czb01-04.html 2023年8月25日閲覧）。

配分されます。具体的な事務作業は都道府県単位に設立された共同募金会が担っています。

3　福祉行政の組織および団体の役割

　子どもに関する福祉行政の組織として，代表的にあげられるのは以下の機関です。

1　福祉事務所

　福祉事務所は，**福祉六法**⁽¹¹⁾に関する業務を行い，必要に応じて社会福祉領域におけるすべての事務手続きを取り扱っています。都道府県と市に設置が義務づけられていて，町村は任意（町村が必要であると認めれば）設置が可能とされています。

2　児童相談所

　児童相談所は，子どもの権利と安全を護る最前線といえます。主な業務は，児童や家庭に対して，①特に専門的な知識や技術を要する相談に応じること，②必要な調査や判定を行うこと，③調査や判定に基づいて必要な指導を行うこと，④一時保護を行うこと，⑤市町村への連絡調整，情報の提供，支援を行うこととされています。都道府県と政令指定都市に設置が義務づけられています。

3　身体障害者更生相談所

　身体障害者更生相談所は，18歳以上の身体障害者への支援に関しての専門機関です。主な業務は児童相談所とよく似ていて，**職能的判定**⁽¹²⁾と，**補装具**⁽¹³⁾の処方

---

(11)　生活保護法・児童福祉法・母子及び父子並びに寡婦福祉法・老人福祉法・身体障害者福祉法・知的障害者福祉法の6つを指す。

(12)　対象とする人に，仕事をこなすために必要な知識や技術・技能が備わっているかを判定すること。

(13)　様々な理由で失われた身体や機能を補うもの。

および適合判定が追加されます。都道府県に設置が義務づけられていて，政令指定都市は任意設置が可能となっています。

④ 知的障害者更生相談所

　知的障害者更生相談所は，18歳以上の知的障害者への支援に関しての専門機関です。主な業務は身体障害者更生相談所とよく似ています（補装具の処方および適合判定を除く）都道府県に設置が義務づけられていて，政令指定都市は任意設置が可能となっています。

参考文献

石田慎二・山縣文治編著（2017）『社会福祉（第5版）』ミネルヴァ書房。

井村圭壯・相澤譲治編著（2011）『社会福祉分析論（第3版）』学文社。

井村圭壯・今井慶宗編著（2017）『社会福祉の基本体系（第5版）』勁草書房。

小﨑恭弘・田邉哲雄・中典子編著（2022）『子ども家庭支援論（第4版）』晃洋書房。

山田美津子・稲葉光彦編（2013）『社会福祉を学ぶ（第2版）』みらい。

復習課題

こども家庭庁の設立経緯と，3つの部門（企画立案・総合調整部門，成育部門，支援部門）の具体的内容について調べてみましょう。

ワークシート 本章の内容を踏まえて，以下のことに取り組みましょう。

① 社会福祉の仕組み

・国の役割，都道府県の役割，市町村の役割についてまとめてみましょう。

国の役割	
都道府県の役割	
市町村の役割	

・こども家庭庁の設立の経緯についてまとめてみましょう。

設立の経緯	

② 福祉行政の組織および団体の役割

・以下の表に役割を記入しましょう。

機関名	役 割
福祉事務所	
児童相談所	
身体障害者更生相談所	
知的障害者更生相談所	

第 **6** 章

社会福祉の施設と事業所

......

予習課題

これまでにあなたや家族が利用したことがある，または近隣にあって知っている社
会福祉施設や事業所はどのようなものがありますか。

1　社会福祉の施設と事業所の意義と役割

　社会福祉においては，法制度のもとに様々な施設や事業所が設置され，福祉サービスを必要とする人に対して支援を行っています。ここではまず，次にあげる事例を通して社会福祉の施設と事業所について考えてみましょう。

> **事例　母子の生活を支える社会福祉施設と事業所**
>
> 　保育所に通うAちゃん（4歳・女児）は，母親と6歳になる兄のBくんと3人で暮らしている。母親は3年前に離婚し，2年間母子生活支援施設であるC施設に母子3人で入所していた。母親は，就職支援を受けて特別養護老人ホームに就職が決まり，母子3人での生活基盤が整ったため，C施設を退所した。退所後は，アフターケアとしてC施設の職員と定期的に面談を行い，子育てのことや仕事のことを相談している。Bくんは1年前に児童相談所の判定を受けて療育手帳を取得している。Bくんは毎日，児童発達支援センターに通って療育を受けている。保育所では，送迎の母親の様子や保育中のAちゃんの様子を見守りながら気にかかることがあれば園全体で共有し，その都度"支援方針"を話し合っている。

　事例では，保育所や母子生活支援施設など様々な専門機関や施設が関わりながら，母子の生活の安定を支えています。このように社会生活を送る中で生活上の困難が生じたときに，必要とする支援やよりよい生活のために利用しうるサービスの提供を，社会福祉に関わる施設や事業所が行うことがあります。子どもに関わる専門職は，多種多様な専門機関や施設等との連携のもとに子どもと家庭に対して重層的で柔軟な対応をとることが求められます。誰も取り残さない社会の実現のためには，子どもに関わる専門職それぞれが，社会福祉に関わる施設等の知識を持つことが重要です。どのような施設や事業所があるのか確認していきましょう。

① 社会福祉施設および社会福祉事業所とは

　社会福祉施設とは，福祉サービスを必要としている高齢者，子ども家庭，障害者，生活困窮者などに対して療養や育成，訓練等を行い，福祉の増進を図ることを目的とした施設のことをいいます。**社会福祉事業所**とは，施設と同じく福祉サービスを提供するもので，障害者総合支援法に基づく障害福祉サービス事業所および相談支援事業所，児童福祉法に基づく障害児通所支援事業所および障害児相談支援事業所，介護保険法に基づく介護予防サービス事業所および居宅サービス事業所等に分類されます。

② 社会福祉施設および社会福祉事業所の取り組み

　冒頭の事例では，離婚によって母子の生活が不安定になったために母子生活支援施設へ入所しています。入所することで衣食住の確保が行われ，次に母子での経済的安定を図るための就労支援が行われています。Bくんの障害に対しては，児童相談所への相談と申請を経て療育手帳を取得し児童発達支援センターでの支援を開始しています。Aちゃんに対しては，日中の保育と合わせて日常の様子や母子関係に変化がないか見守りが行われています。このように個々の抱える困難や家族関係など状況に応じた施設利用や福祉サービスの提供が社会福祉施設や事業所で行われており，場合によっては家族に関係する社会福祉施設等が連携のための会議や連絡を行うことがあります。

　2000（平成12）年の**社会福祉基礎構造改革**により福祉サービスのあり方は，措置から契約へ，保護から自立へ，施設から在宅，地域へと変化し，利用者主体で利用者本人の選択に基づく自己決定への支援が行われるようになりました。この流れの中で，社会福祉の施設と事業所の機能も変化しています。2016（平成28）年には社会福祉法の改正により，社会福祉法人は公益性・非営利性を踏まえた「**地域における公益的な取組**」を行うことが義務として明記されました。このことを受け，社会福祉法人が運営する高齢者施設でこども食堂を開催したり，児童福祉施設で地域交流の行事を開催したりと利用者への支援にとどまら

ず，地域の実情に応じた多様な取り組みが行われています。

2　社会福祉事業の区分

❶　第一種社会福祉事業

　社会福祉に関わる施設や事業は，その行う事業内容・目的によって社会福祉法に規定された第一種社会福祉事業と第二種社会福祉事業に区分されます。

　第一種社会福祉事業は，利用者の影響が大きいため，経営安定を通じた利用者の保護の必要性が高い事業（主として入所施設サービス）です[1]。生活保護法に規定される救護施設や児童福祉法に規定される乳児院などで，その事業を利用することが利用者の生命保持や権利擁護に直結する事業として行われるものです。利用者への影響が大きいことから，経営主体は行政または社会福祉法人が原則となっています。それ以外の者が第一種社会福祉事業を経営する場合には，都道府県知事等の許可を得る必要があります。

❷　第二種社会福祉事業

　第二種社会福祉事業は，比較的利用者への影響が小さいため，公的規制の必要性が低い事業（主として在宅サービス）です[2]。児童福祉法に規定する保育所や，就学前の子どもに関する教育，保育等の総合的な提供の推進に関する法律に規定する幼保連携型認定こども園を経営する事業など，その事業を利用することで利用者のよりよい生活が守られる事業として行われるものです。経営主体に制限はなく，届出をすることによって事業を開始することが可能となります。

---

(1)　厚生労働省「生活保護と福祉一般：第1種社会福祉事業と第2種社会福祉事業」(https://www.mhlw.go.jp/bunya/seikatsuhogo/shakai-fukushi-jigyou2.html　2023年8月22日閲覧)。

(2)　(1)と同じ。

3　福祉の民間団体

① 社会福祉法人

　社会福祉法第22条には，**社会福祉法人**とは，「社会福祉事業を行うことを目的として，この法律の定めるところにより設立された法人をいう」と規定されています。前節にあげた第一種，第二種社会福祉事業を行うもので都道府県知事等の認可を受けて設立する法人です。社会福祉法人は，非営利で公益的な活動に対して責任をもって行うため，運営上の規制が設けられている一方で税制上の優遇措置がとられています。経営安定のために経営基盤の強化を図ることと合わせて提供する福祉サービスの質の向上や事業経営の透明性の確保が求められています。

② 社会福祉協議会

　社会福祉法人の代表的な組織として**社会福祉協議会**があります。社会福祉協議会は，民間の社会福祉活動を推進することを目的とした民間組織です。地域単位で全国，都道府県，政令指定都市，市区町村に設置されています。それぞれの規模ごとに役割があり，全国社会福祉協議会は，社会福祉活動の調査研究や各種制度の改善への取り組みを行います。都道府県社会福祉協議会は，市区町村社会福祉協議会より広域的な取り組みや連絡調整，また社会福祉事業従事者の養成・研修，福祉事業経営の指導・助言などを行います。市区町村社会福祉協議会は，在宅サービスの提供，福祉教育支援，地域福祉活動計画の策定，ボランティア活動支援・普及活動支援などを行います。

③ 特定非営利活動法人

　日本では社会福祉法人をはじめ，学校法人や宗教法人などの非営利組織が各法律によって定められています。**特定非営利活動法人**（NPO法人）は，それら

に属さない市民活動団体を法人化したもので特定非営利活動促進法に規定されています。ボランティア活動をはじめとする市民が行う自由な社会貢献活動に法人格を認証することで，安定した活動や健全な発展を促進し，公益の増進に寄与することを目的としています。活動の分野は，福祉分野だけでなく，環境保全やまちづくりなど20の分野に区分されています。

　現在，認証を受けている特定非営利活動法人は全国に 5 万356法人（2023年 3 月31日時点⁽³⁾）あり，近年は認証数が微減で推移しています。法律の制定から25年が経過し，法人代表の高齢化による解散などの要因も考えられますが，制度の衰退ではなく特定非営利活動法人に限らない市民活動の広がりへとつながっていることが背景にあると考えられます。

4　社会福祉に関わる施設の概要

① 子ども家庭福祉に関わる施設と事業所

　子ども家庭福祉に関わる施設は児童福祉法に規定されており，その対象によって施設が分かれています。対象は大きく分けると，①母子保健，②保育，③健全育成，④要保護児童，⑤障害児，⑥ひとり親家庭の 6 つに区分できます。それぞれの施設は，表 6 - 1 の通りです。

　2024（令和 6）年 4 月施行の児童福祉法改正では，新たに**里親支援センター**が児童福祉施設として追加されます。里親支援センターは，里親の普及啓発，里親の相談に応じた必要な援助，入所児童と里親相互の交流の場の提供，里親の選定・調整，委託児童等の養育の計画作成といった里親支援事業や，里親や委託児童等に対する相談支援等を行います。また，これまでは補助事業として行われてきた里親支援の費用を里親委託の費用と同様に義務的経費とすることで安定した運営を行うことができます。家庭養育の推進に伴い，里親支援の取

---

(3) 内閣府 NPO ホームページ「認証数（活動分野別）」（https://www.npo-homepage.go.jp/about/toukei-info/ninshou-bunyabetsu　2023年 8 月22日閲覧）。

表 6-1　子ども家庭福祉に関わる施設

根拠法	区　別	種　別	名　称	利用区分
児童福祉法	母子保健	第二種	助産施設	入所
	保育		保育所	通所
			幼保連携型認定こども園	
	健全育成		児童館	利用
			児童遊園	
	要保護児童	第一種	乳児院	入所
			児童養護施設	
			児童心理治療施設	入所・通所
			児童自立支援施設	
		第二種	児童家庭支援センター	利用
			里親支援センター	
	障害児	第一種	障害児入所施設	入所
		第二種	児童発達支援センター	通所
母子及び父子並びに寡婦福祉法	ひとり親家庭	第一種	母子生活支援施設	入所
		第二種	母子・父子福祉センター	利用
			母子・父子休養ホーム	

出所：厚生労働統計協会編（2022）『国民の福祉と介護の動向　2022/2023』厚生労働統計協会，323頁を参考に筆者作成。

り組みがますます重要になります。

　ひとり親家庭に関わる施設には，母子及び父子並びに寡婦福祉法に規定する母子・父子福祉センターや母子・父子休養ホームがあり，それぞれ第二種社会福祉事業に位置づけられています。

② 障害児・者に関わる施設と事業所

　児童福祉法に規定する障害児の施設・事業所は，表6-1であげた**障害児入所施設**と**児童発達支援センター**があります。2024（令和6）年の児童福祉法改正によって児童発達支援センターの役割・機能の強化が行われます。地域全体の障害児支援の質の底上げを図ることを目的として，地域における障害児支援の中核的役割を担うことになります。また，これまで福祉型と医療型に分けら

表6-2　障害者に関わる施設

根拠法	種　別	名　称	利用区分
障害者総合支援法	第一種	障害者支援施設	入所・通所
		地域活動支援センター	利用
	第二種	福祉ホーム	
身体障害者福祉法	第二種	身体障害者福祉センター	利用
		補装具政策施設	
		盲導犬訓練施設	
		視聴覚障害者情報提供施設	
		点字図書館	
		点字出版施設	
		聴覚障害者情報提供施設	

出所：表6-1と同じ。

れていた児童発達支援センターを一元化し，障害種別にかかわらず，身近な地域で必要な発達支援を受けられるようになります。

　障害者に関わる施設と事業所には，障害者総合支援法に規定するものと身体障害者福祉法に規定するものがあり，表6-2にまとめています。

3　高齢者福祉に関わる施設と事業所

　高齢者福祉に関わる施設と事業所は，老人福祉法に規定されています。高齢者の心身の健康と生活の安定のために必要な支援を行うことを目的として施設と事業所が規定されています。また，介護保険法に規定される介護医療院と介護老人保健施設は要介護高齢者に医療とともに日常生活上の支援を行うことを目的としています。それぞれ表6-3にまとめています。介護医療院は看取りやターミナルケアを含めた長期療養を，介護老人保健施設は在宅復帰を目指す機能訓練等を行うという違いはありますが，社会福祉事業として社会福祉法人がその運営を行う場合があります。

　高齢者が住み慣れた地域で生活できるように，介護予防や権利擁護などを行う機関として地域包括支援センターがあります。高齢者やその家族からの介護，

表6-3　高齢者福祉に関わる施設

根拠法	種　別	名　称	利用区分
老人福祉法	第一種	養護老人ホーム	入所
		特別養護老人ホーム	
		経費老人ホーム	
	第二種	老人福祉センター	利用
介護保険法	第二種	介護医療院	入所
		介護老人保健施設	

出所：表6-1と同じ。

表6-4　低所得者福祉に関わる施設

根拠法	種　別	名　称	利用区分
生活保護法	第一種	救護施設	入所
		更生施設	
		授産施設	通所
		宿所提供施設	利用
	第二種	医療保護施設	利用

出所：表6-1と同じ。

福祉，保健などに関する相談や支援のニーズに保健師や主任介護支援専門員，社会福祉士などの専門職が対応しています。運営は，市町村が設置主体となり，市町村直営または社会福祉法人や医療法人，民間企業等が委託を受けて実施しています。

4　低所得者福祉に関わる施設と事業所

　生活保護法に基づいて行われる低所得者福祉に関わる施設と事業所は表6-4の通りです。身体や精神の障害などを抱えているために，日常生活を営むことが難しい者に対して生活の支援や住宅，医療など必要な支援に合わせて施設が設置されています。

　低所得者福祉に関わる支援においては，生活保護に至るおそれのある人が支援を受けることによって自立生活を継続できる可能性がある場合には，生活困

窮者自立支援法に基づいた支援を行います。居住支援や就労支援，一時生活支援，家計改善支援事業，子どもの学習・生活支援事業などがあり，都道府県等が実施主体となり，社会福祉協議会や生活保護施設を運営する社会福祉法人等が委託を受け事業を行っています。

⑤　困難な問題を抱える女性への支援に関わる施設と事業所

　困難な問題を抱える女性に関わる施設には，女性自立支援施設があります。女性自立支援施設は都道府県や社会福祉法人などが設置する第一種社会福祉事業に位置づけられる施設です。もともとは，売春を行うおそれのある女性を収容保護することを目的とした売春防止法に規定される婦人保護施設でした。しかし，近年の生活困窮や性暴力・性犯罪被害，家庭関係破綻など女性をめぐる課題の複雑化，多様化，複合化に伴い新たな女性支援強化をはかることを目的に2024（令和6）年4月の施行で法改正が行われました。改正によって，婦人保護事業が売春防止法から切り離され，新たに「困難な問題を抱える女性への支援に関する法律」（困難女性支援法）が制定されました。それに伴い「婦人保護施設」が「女性自立支援施設」へと名称が変更されています。近年では，DV被害による緊急入所の増加に伴い，同伴で入所する児童が増加しています。新たな法律の枠組みの中で女性相談支援センター，女性相談支援員とともに支援の中核となり，連携・協働することが重要となります。

参考文献

相澤譲治・杉山博昭編（2021）『保育士をめざす人の社会福祉（9訂）』みらい。

倉石哲也・小崎恭弘編著（2017）『社会福祉』ミネルヴァ書房。

厚生労働統計協会編（2022）『国民の福祉と介護の動向　2022/2023』厚生労働統計協会。

橋本好市・宮田徹編（2019）『保育と社会福祉（第3版）』みらい。

復習課題

社会福祉の施設と事業所について，対象ごとにどのような施設や事業所があり，種別や利用区分にどのような違いがあるのか整理してみましょう。

ワークシート 本章の内容を踏まえて，以下のことに取り組みましょう。

① 本章の冒頭の事例に出てくる社会福祉施設を取り上げて，社会福祉事業の区別（第一種・第二種）や事業内容や目的が規定されている法律の条文を確認しながら整理してみましょう。

施設名：	根拠法：	事業区別：
事業内容・目的：		

施設名：	根拠法：	事業区別：
事業内容・目的：		

施設名：	根拠法：	事業区別：
事業内容・目的：		

施設名：	根拠法：	事業区別：
事業内容・目的：		

② あなたが事例に出てくる保育所の保育士である場合，母子のどのような様子を気にかけますか。思いつくものを書いてみましょう。

③ ②について，周りの人と話し合ってどのような意見があるか整理してみましょう。

第 **7** 章

社会福祉の専門職・協力者

1 社会福祉の専門職とは

1 対人援助の基本的要件

　対人援助を生業とする専門職は，社会福祉のみならず，医療や保健，心理，教育等多岐にわたります。対人援助の専門職は，立場や用いる方法は異なっても，人と人との関わりを通してクライエント（援助を受ける人）の様々なニーズに応えていく点において共通するといえるでしょう。

　このような対人援助に携わる専門職の基本的要件として，「知識」「技術」「価値」があげられます[1]。**「知識」**は，先人たちが築き上げてきた知が社会の中でろ過され，継承されてきたものといえます。それは，地図のような役割を示し，私たちが援助において何処へ向かえばいいのか導いてくれます。また，**「技術」**は，援助者という自分を通して実践（行為）することであり，具体的にはクライエントやグループ，地域社会等と関わるためのスキルともいえます。実際の援助にあたっては，専門的な関わりや手法等の体系的なスキルを学び身につけなくてはいけません。実践の知とも呼べるものです。そして，**「価値」**は，クライエントの権利を守り，援助者としての責任を規定するものといえるでしょう。専門職の倫理綱領として規定されているものであり，援助の目的となるものです。いくら「知識」や「技術」が優れていても，クライエントを良い方向に向かうようにする価値がなければ，援助としては成り立たないものとなってしまいます。

　対人援助の３つの基本的要件として，これら「知識」「技術」「価値」は三位一体であり，そのどれもが欠かせないものです。

---

(1) 古川孝順・松原一郎・社本修編（1995）『社会福祉概論』有斐閣，139〜141頁。

表 7 - 1　社会福祉専門職の 6 条件

①　体系的な理論
②　伝達可能な技術
③　公共の関心と福祉という目的
④　専門職の組織化（専門職団体）
⑤　倫理綱領
⑥　テストか学歴に基づく社会的承認

出所：秋山智久（2007）『社会福祉専門職の研究』ミネルヴァ書房，89頁
をもとに筆者作成。

２　社会福祉専門職の条件

　広辞苑によると，専門とは「特定の分野をもっぱら研究・担当すること[2]」と
定義されています。当然ですが，専門職ということは，一般の人と比べてその
分野に精通しているということになります。では，社会福祉という特定の分野
をもっぱら担当する職業にはどのような条件が考えられるでしょうか。

　表 7 - 1 は，これまでの研究によって，社会福祉専門職の 6 条件となるとさ[3]
れているものです。先に示した対人援助の基本的要件と関連づければ，「①体
系的な理論」は専門職の「知識」形成と深く関わってくるものといえます。

　同様に，「②伝達可能な技術」は，専門職の「技術」形成と深く関わるとい
えます。「③公共の関心と福祉という目的」は，社会福祉専門職の社会的存在
意義としての「価値」を表しているものだといえます。

　また，「④専門職の組織化（専門職団体）」は，「知識」「技術」「価値」を蓄積，
進歩させていくためには，なくてはならないものです。「⑤倫理綱領」は，専
門職としての「価値」を最も具現化したものとなります。「⑥テストか学歴に
基づく社会的承認」は，「知識」「技術」「価値」が社会的に認められるものか
どうか問われる基準になるものだといえるでしょう。

---

(2)　新村出編（2018）『広辞苑（第 7 版）』岩波書店，1676頁。

(3)　秋山智久（2007）『社会福祉専門職の研究』ミネルヴァ書房，89頁。

2　社会福祉における国家資格

1　国家資格の分類

　国家資格とは，一般に，「国の法律に基づいて，各種分野における個人の能力，知識が判定され，特定の職業に従事すると証明されるもの[(4)]」です。国家資格は，業務独占資格，名称独占資格，設置義務資格の3つに分けられます。

　業務独占資格は，有資格者以外の人が携わることを禁じられている業務を独占的に行うことができる資格です。医師や弁護士，公認会計士等の国家資格が該当します。

　名称独占資格は，有資格者以外は，その名称を用いて業務を行うことが認められていない資格です。業務独占ではないため，資格がなければ業務に携わることができないわけではありません。しかしながら，一定の専門性を有する者が資格をもつことによって，業務の質を担保することができます。管理栄養士や保健師等の国家資格が該当します。次項で示す社会福祉の国家資格も，名称独占資格となります。

　設置義務資格は，特定の事業を実施する際に，法律で設置が義務づけられている資格です。危険な業務等の定められた事業を取り扱う場合に設けられ，放射線取扱主任者や毒物劇物取扱責任者，衛生管理者等が該当します。

2　社会福祉の国家資格

　社会福祉分野における国家資格は，法律が成立，また改正された年代順に，社会福祉士，介護福祉士，精神保健福祉士，保育士の4資格があります。社会福祉の国家資格は，先の社会福祉専門職の6条件を満たすものであり，専門職

---

(4)　厚生労働省（2015）「社会保障審議会児童部会新たな子ども家庭福祉のあり方に関する専門委員会資料5-6国家資格について」（https://www.mhlw.go.jp/file/05-Shingikai-12601000-Seisakutoukatsukan-Sanjikanshitsu_Shakaihoshoutantou/0000099508.pdf　2023年7月20日閲覧）1頁。

としての社会的役割や機能が求められるものです。ここでは，これら4資格が法的にどのように位置づけられるのかを確認しておきましょう。

社会福祉士とは，1987（昭和62）年に成立した「社会福祉士及び介護福祉士法」第2条第1項によって，次のように規定されています。

　専門的知識及び技術をもつて，身体上若しくは精神上の障害があること又は環境上の理由により日常生活を営むのに支障がある者の福祉に関する相談に応じ，助言，指導，福祉サービスを提供する者又は医師その他の保健医療サービスを提供する者その他の関係者（中略）との連絡及び調整その他の援助を行うこと（中略）を業とする者をいう。

介護福祉士とは，社会福祉士と同様に，1987（昭和62）年に成立した「社会福祉士及び介護福祉士法」第2条第2項によって，次のように規定されています。

　専門的知識及び技術をもつて，身体上又は精神上の障害があることにより日常生活を営むのに支障がある者につき心身の状況に応じた介護（中略）を行い，並びにその者及びその介護者に対して介護に関する指導を行うこと（中略）を業とする者をいう。

精神保健福祉士とは，1997（平成9）年に成立した「精神保健福祉士法」第2条によって，次のように規定されています。

　精神障害者の保健及び福祉に関する専門的知識及び技術をもって，精神科病院その他の医療施設において精神障害の医療を受け，又は精神障害者の社会復帰の促進を図ることを目的とする施設を利用している者の地域相談支援（中略）の利用に関する相談その他の社会復帰に関する相談に応じ，助言，指導，日常生活への適応のために必要な訓練その他の援助を行うこと（中

表7-2 社会福祉国家資格保持者の義務

誠実義務	専門職は，個人の尊厳を保持し，自立した生活を営むことができるように，常にその者の立場に立って，誠実にその業務を行わなければなりません。
信用失墜行為の禁止	専門職は，信用を傷つけるような行為をしてはなりません。
秘密保持義務	専門職は，正当な理由がなく，その業務に関して知り得た人の秘密を漏らしてはなりません。専門職でなくなった後においても，同様です。
連 携	専門職は，福祉サービス及びその他のサービスが総合的かつ適切に提供されるよう，福祉サービス関係者等との連携を保たなければなりません。
資質向上の義務	専門職は，環境の変化による業務の内容の変化に適応するため，知識及び技能の向上に努めなければなりません。

注：保育士は，「信用失墜行為の禁止」と「秘密保持義務」のみが義務規定となっています。また，法規定による義務内容は，一部省略，加筆しています。
出所：社会福祉士及び介護福祉士法・精神保健福祉士法・児童福祉法をもとに筆者作成。

略）を業とする者をいう。

そして，**保育士**は，2003（平成15）年に改正された「児童福祉法」第18条の4によって，次のように規定されています。

この法律で，保育士とは，第18条の18第1項の登録を受け，保育士の名称を用いて，専門的知識及び技術をもって，児童の保育及び児童の保護者に対する保育に関する指導を行うことを業とする者をいう。

なお，「児童福祉法」第18条の6により，保育士の資格取得のためには，①都道府県知事の指定する保育士を養成する学校その他の施設を卒業した者，②保育士試験に合格した者のいずれかに該当する者と規定されています。また，1999（平成11）年の同法改正により，かつての「保母（保父）」から保育士に名称が変更されています。

③ 国家資格保持者の義務

社会福祉の国家資格保持者は，表7-2のように，「誠実義務」「**信用失墜行為の禁止**」「**秘密保持義務**」「連携」「資質向上の義務」という法的な義務も規

定されています。専門職は価値や倫理を保持することが条件となりますが，同様に社会的な責任と義務が課せられることになります。

3　社会福祉の専門職および協力者

① 行政機関に配置される主な社会福祉の専門職

　社会福祉に特に深く関わる行政機関として，福祉事務所や児童相談所があげられます。これらの機関には，社会福祉の業務を担う専門職として，社会福祉主事や児童福祉司が配置されています。

　社会福祉主事の配置は，社会福祉法第18条第1項によって，「都道府県，市及び福祉に関する事務所を設置する町村に，社会福祉主事を置く」と規定されています。市役所や町役場，都道府県に設置される福祉事務所において，生活保護法や児童福祉法，身体障害者福祉法等による福祉六法で定める事務や支援を担当しています。ケースワーカーやソーシャルワーカーと呼称される専門職です。社会福祉主事の資格要件は，大学等において厚生労働大臣が指定する社会福祉に関する科目を修めて卒業した者，社会福祉士の資格保有者等があげられます。

　児童福祉司の配置は，児童福祉法第13条第1項によって，「都道府県は，その設置する児童相談所に，児童福祉司を置かなければならない」と規定されています。都道府県や政令指定都市に設置される児童相談所において，児童の保護や福祉についての指導や相談を担当する専門職です。社会福祉主事と同様に，ケースワーカーやソーシャルワーカーと呼称されています。児童福祉司の資格要件は，都道府県知事の指定する児童福祉司や児童福祉施設の職員を養成する学校等を卒業する，または都道府県知事の指定する講習会の課程を修了した者，社会福祉士や精神保健福祉の資格保有者等があげられます。

　なお，これら社会福祉主事や児童福祉司は，**任用資格**と呼ばれるものです。任用資格とは，行政機関等において，特定の職務に任用されるときに必要とな

る資格です。一定の資格要件を満たすことで認められます。他方で，取得した
のみでは効力はなく，その職務に就いてはじめて効力をもつ，任用されるため
の資格となります。この任用資格は，上記の社会福祉主事や児童福祉司に加え
て，身体障害者福祉司，知的障害者福祉司等があります。

❷ 児童福祉施設に配置される主な専門職

　児童福祉施設に配置される社会福祉の専門職は，主に次の職種があります。

○児童指導員

　児童養護施設や障害児入所施設等の入所施設，児童発達支援センターの通所
施設等の多くの児童福祉施設に配置されています。生活指導，学習指導，職業
指導，家庭環境の調整等，子どもの生活全般の支援を担います。資格要件は，
指定された児童福祉施設の職員を養成する学校を卒業した者，社会福祉士や精
神保健福祉士の資格保有者等があげられます。

○児童自立支援専門員

　児童自立支援施設に配置されています。家庭環境等から生活指導を要する児
童の自立支援を担います。資格要件は，社会福祉士や指定された児童自立支援
専門員を養成する学校を卒業した者等があげられます。

○児童生活支援員

　同じく児童自立支援施設に配置されています。家庭環境等から生活指導を要
する児童の生活支援を担います。児童自立支援専門員は児童の自立指導を担当
するのに比べて，児童生活支援員は寝食を共にした生活指導をターゲットとし
ます。

○母子支援員

　母子生活支援施設に配置されています。様々な困難を抱えた子どもを持つ女

性の生活支援を担います。資格要件は，保育士，社会福祉士や精神保健福祉士等があげられます。

○児童の遊びを指導する者

　児童厚生施設（児童遊園や児童館等）に配置されています。遊びを通して子どもの自主性，創造性の育成を図る業務を担います。資格要件は，保育士，社会福祉士等があげられます。

　以上の5つの職種は，いずれも「児童福祉施設の設備及び運営に関する基準」において任用資格として規定されているものです。

　また，児童福祉施設に配置される社会福祉専門職の協力者として，主に個別対応職員や心理療法担当職員等があります。

　個別対応職員は，児童養護施設，乳児院，母子生活支援施設，児童心理治療施設，児童自立支援施設に配置されています。被虐待児童等の個別の対応が必要な子どもへの1対1の対応，保護者への援助等を担います。資格要件は，規定されていません。

　心理療法担当職員は，施設の定員規定等により，児童養護施設，乳児院，母子生活支援施設，児童心理治療施設，児童自立支援施設に配置されています。虐待等による心的外傷のために心理療法を実施し，対象児童等の自立の支援を担います。資格要件は，施設種別によって異なりますが，大学で心理学を修め，個人および集団心理療法の技術を有する等が基準としてあげられます。

③　障害福祉サービスに配置される主な専門職

　ここでは，障害児・障害者の地域生活支援に関わる専門職をあげます。

○児童発達支援管理責任者

　児童発達支援センター，児童発達支援事業所に配置されています。児童発達支援を利用する子どもと保護者のニーズを把握し，児童発達支援計画の作成を

担います。資格要件は，一定の実務要件と研修修了の要件があります。なお，実務要件は，業務内容によって経験年数が異なります。

○サービス管理責任者

　障害福祉サービス事業所においてサービスの質の向上を図るために配置されています。個別支援計画や評価等のサービス提供に関わる全般の責任者を務めます。資格要件は，一定の実務経験と研修修了の要件があります。なお，実務要件は，児童発達支援管理責任者と同じく業務内容によって経験年数が異なります。

○相談支援専門員

　障害福祉サービスの利用支援を実施する相談支援事業所に配置されています。障害児や障害者の福祉サービス利用計画の作成を担います。資格要件は，一定の実務経験と研修修了の要件があります。なお，実務要件は，先述と同じく業務内容によって経験年数が異なります。

④　新たな社会福祉の専門職

　2022（令和4）年6月の改正児童福祉法によって，2024（令和6）年4月から子ども家庭福祉の認定資格（こども家庭ソーシャルワーカー）が導入されます。こども家庭ソーシャルワーカーは，児童相談所や児童福祉施設等の現場にソーシャルワークの専門性を身につけた人材を配置することを意図するものです。

　資格要件は，一定の実務経験をもつ「社会福祉士・精神保健福祉士，子ども家庭福祉の相談援助業務の実務経験者，保育所等で勤務する保育士等」が，定められた研修受講後に，認定機関が実施する試験に合格する必要があります。

復習課題

児童福祉施設の専門職において，保育士が担当できる職種をあげてみましょう。

ワークシート 児童福祉施設に配置されている家庭支援専門相談員（ファミリーソーシャルワーカー），里親支援専門相談員の配置施設，業務内容，資格要件について調べてみましょう。

① 家庭支援専門相談員（ファミリーソーシャルワーカー）

・配置されている児童福祉施設

・業務内容

・資格要件

② 里親支援専門相談員

・配置されている児童福祉施設

・業務内容

・資格要件

第 **8** 章

ソーシャルワークの基本

....

予習課題

バイスティックの 7 原則について，事前に調べて書き出してみましょう。

1　ソーシャルワークを学ぶ意義

　相談援助・支援（以下，ソーシャルワーク）とは，人々が生活していくうえでの問題を解決なり緩和することで，生活の質（QOL）の向上を支援し，個人のウェルビーイングの状態を高めることを目指していくことです。⁽¹⁾

① なぜソーシャルワークを学ばないといけないのか

　みなさんは保育士の資格を取得するために多くの社会福祉制度を学ぶこととなります。その学んだことを実践の場で生かす知識や技術があってこそ，援助を必要とする人たちへのソーシャルワークは可能となります。この2つはいわば車の両輪のようなもので，両方がそろってこそ，適切なソーシャルワークが可能となります。

　たとえば，生活上の問題を抱える子どもや保護者がいて，その人を援助・支援するための社会福祉制度をみなさん方が知っていたとしても，対象者がみなさんのことを信用し，話を聞いてみようと思ってくれなければ，その知識が生かされることはありません。

② 援助者に求められる心がまえと態度

　では，支援が必要な人たちに，どのように接すれば，援助者が受け入れてもらえるようになるのでしょうか。「対象者に寄り添う」とはいっても，ときとして援助者には自身の感情に流されずに平等で的確な判断が求められることもあるでしょう。

　そのような対人援助に関わる援助者の行動規範として「**バイスティックの7原則**」（表8-1）と呼ばれる定義があります。アメリカの社会福祉学者のバイスティック（Biestek, F. P.）が定義したソーシャルワーク実践の技術の基本です。

---

(1)「ウェルビーイング」（well-being）とは，身体的・精神的・社会的に良好な状態にあることを意味する概念。

表8-1　バイスティックの7原則

① 個別化の原則
② 意図的な感情表現の原則
③ 統制された情緒的関与の原則
④ 受容の原則
⑤ 非審判的態度の原則
⑥ 自己決定の原則
⑦ 秘密保持の原則

出所：筆者作成。

① 個別化の原則

　対象者が抱える問題は，ひとつひとつ似ているようであっても，同じではありません。援助者は子どもに問題があったときに「あの子の問題は，○○ちゃんのときの問題と同じだ」と勝手に思い込んで，同じような対応をとってしまうことがあります。ひとつひとつの問題を新しい問題ととらえ，真摯に取り組むことが大事です。

② 意図的な感情表現の原則

　対象者が出す感情（感情表現の自由）を認めるという考え方です。泣き・怒りなどの否定的な感情などを出させることで，対象者の心を軽くし，また対象者の本音も摑みやすくなります。援助者も，威圧的な対応ではなく，対象者が自由に感情を出せるような工夫も必要です。

③ 統制された情緒的関与の原則

　援助者自身が対象者の感情に呑み込まれないようにする考え方をいいます。そのためには，自分の性格の特性など（何に対して怒りの感情を持ちやすいかなど）をあらかじめ把握しておくことも必要です。

④ 受容の原則

　保護者からの相談などを受けると，「どうしてそんな考え方になるの？」と理解に苦しむ場面に多々直面します。まずは相手の考えを受け止め，考え方を

否定せずに,「どうして?」「なぜ?」と原因を探すことが大切です。

⑤　非審判的態度の原則

　対象者の行動や思考に対して援助者は審判的な態度をとらない(良い,悪い
を決めつけない)という考え方です。現実には対象者自身が自らの行動を決定
し,問題を解決することが理想であり,援助者はサポート役として関わってい
きます。

⑥　自己決定の原則

　問題解決に向けての行動は対象者が決定すべきとの考えです。援助者は対象
者をサポートしていきますが,最終的には対象者がよりよい方向へ,自分の力
で決定し,進んでいけるよう支援を行うことが大切です。

⑦　秘密保持の原則

　対象者の個人的情報・プライバシーは絶対に他に漏らしてはならないとする
考え方です。対象者のプライバシーを守ることは対象者との信頼関係を構築す
ることにもつながります。

2　ソーシャルワークの視点

1　ソーシャルワークの援助対象

　ソーシャルワークの援助対象は,**ミクロ**(小領域),**メゾ**(中領域),および**マ
クロ**(大領域)に分けられます。

　ミクロ領域(個人・小集団)の援助には,個人の持つ生活問題や精神保健問
題への援助,家族等への援助などが含まれます。個人や家族など最小システム
を対象にして行われる援助全般を表し,個人面接,家族面接などが含まれます。

　メゾ領域(集団を対象としたもの)の援助は,地域社会と,社会福祉サービス

を提供する機関などにおいて行われます。メゾ領域で用いられるソーシャルワークには，地域住民の組織化の援助，コミュニティ・地域福祉活動の形成，地域計画の立案，社会福祉機関の管理・運営などが含まれます。

マクロ領域（地域社会を対象としたもの）には，自治体の調査，計画立案，実施と評価，国の政策立案，実施，評価，社会サービスの管理・運営などが含まれます。

ソーシャルワークの実践には，その対象を見極めた実践が求められます。

② 人と環境との相互作用を考えたソーシャルワークの必要性

みなさんは，この科目でたくさんの社会福祉制度を学んできたと思います。中には老人福祉制度や生活保護制度のように，この制度を学ぶことが子どもの福祉にどのような意味があるのだろうかと，疑問を持った人もいるのではないでしょうか。

ソーシャルワーク実践では，表面に見える問題だけではなく，その裏に隠されている問題を把握し，様々な角度から問題の解決に取り組んでいく必要があります。以下の事例を読みながら考えてみましょう。

事例1　保育園で問題行動のある子どもの事例

保育所に通う4歳のカナちゃんは，最近同じクラスのお友だちとのけんかが絶えない。また，以前のカナちゃんからは考えられないような乱暴な言葉使いも増えてきている。それがだんだんエスカレートしており，担任保育士は困り果てていた。

いくらカナちゃんに注意をしても，一向にカナちゃんのけんかはおさまることはなかった。困り果てた担当保育士は園長に相談し，園長がカナちゃんの母親と面接をすることにした。すると母親は，「同居している姑が倒れてしまい，介護が必要な状態になっていて……。私が頑張って介護しているのですが，主人も仕事が忙しいと言ってあまり手伝ってくれなくて……そのことが原因で，家でも主人とけんかばかりです……。もう疲れ果ててしまっています。いけないと思いながらも，子どもにあたってしまうことがあって，自分で自分がいやになりました」と話すうちに母親は泣きだしてしまった。そこで園長は，介護保険の制度と相談窓口の情報を母

87

親に伝えた。また，ひとりで相談するのが大変だったら，相談窓口まで付き添うことも約束した。

　その後，カナちゃんの家では介護保険でデイサービスを使うようになった。母親は生活に少しゆとりができたからか，徐々に明るさを取り戻し，カナちゃんの行動も落ち着いてきた。

　この事例では，カナちゃんだけを注意しても，カナちゃんの問題行動を改善することは困難だと思われます。今回は，カナちゃんのみではなく，家族との関係性に着目し問題の原因を探る必要性がある事例でした。

　人は他者に影響を与えたり，与えられたりしながら存在しています（相互作用）。子どもを取り巻く問題は，子ども自身に問題があるケースだけではなく，場合によっては周囲の環境に問題があり，その問題から影響を受けて問題が発生する場合があります。

3　子どもや，家族の持つ力に着目する視点の必要性

　援助の実践には，子どもや，家族の持つ力に着目する視点（**ストレングス視点とエンパワメント実践**）も大切です。ストレングス視点とは，どんな人もその人なりの力を発揮できるとして，人の持つ潜在力に視点を向け支援する考え方をいいます。また，エンパワメント実践とはその人の持つ本来の力を引き出す支援のことをいいます。ストレングス視点とエンパワメント実践について，以下の事例をもとに考えていきましょう。

事例2　ストレングス視点とエンパワメント実践の事例
　特別支援学校に通うショウくんは，足に障害があり車いすを使っている。ショウくんは，テレビで野球観戦をするのが大好きで，日頃から球場で生の試合を見たいと思っていた。そのことを両親に話したが，お母さんからは「ショウの気持ちはわかるけれど，車いすに乗って球場に行くのはショウには難しいよ，危ない目にもあうかもしれないし……球場に行くのはあきらめた方がいいよ」と言われた。また，

お父さんからも「車いすを使うショウが混雑する球場に行くのは他の人の迷惑になるのでは」と言われた。ショウくんは両親から球場に行くのを反対され，納得がいかない日々を過ごしていた。

　気持ちの整理がつかないショウくんは，学校の担任の先生にこのことを相談した。黙ってショウくんの話を聞いていた先生は，「ショウくんの気持ちはわかったよ。どうしたらショウくんが球場に行けるのか，一緒に考えてみよう」と言った。先生のその言葉で，頑張ってみようと思ったショウくんは，勇気を出して電話で球場に問い合わせをしてみた。すると球場はバリアフリー化されており，車いす用の席が用意されていることがわかった。球場のことがわかったショウくんは自分ひとりで球場まで行けるかどうか調べてみようと思った。

　この事例は，野球観戦をしたいと言うショウくんへの周りの大人の関わり方で，これからのショウくんの成長が大きく変わっていくことがわかる事例でした。ショウくんのできないところではなく，もともと持っている生きる力に着目（ストレングス視点）した，担任の先生の関わり方（エンパワメント実践）に注目して考えてみましょう。

4　総合的で包括的な援助活動を行う必要性

　ソーシャルワークには表8-2のように様々な技術がありますが，援助者は被援助者のニーズを把握し，必要な援助を行うことが求められます。

　人が抱える問題の解決は単一の専門職，機関による単一の方法による援助ではすぐに限界がきてしまいます。それを防ぐためには個人に対する援助にとどまらず，行政，関係機関・施設，地域社会など様々な社会資源を活用し，それらと連携・共同して問題の解決を目指さなければなりません。

　そのため，ソーシャルワークを行う際はひとつの技術のみにとらわれることなく，様々な技術（表8-2）を活用しながら援助活動を行うことが重要です。

表8-2 ソーシャルワークの体系

直接援助技術	個別援助技術（ケースワーク） 集団援助技術（グループワーク）
間接援助技術	地域援助技術（コミュニティワーク） 社会福祉調査法（ソーシャルワーク・リサーチ） 社会福祉計画法（ソーシャル・プランニング） 社会活動法（ソーシャル・アクション） 社会福祉運営管理（ソーシャル・アドミニストレーション）
関連援助技術	ケアマネジメント ネットワーク カウンセリング スーパービジョン コンサルテーション

出所：山縣文治・岡田忠克編（2010）『よくわかる社会福祉（第8版)』ミネルヴァ書房，82頁より筆者作成。

参考文献

宇山勝儀・小林理編著（2012）『社会福祉』光生館。

〔復習課題〕

事例2の先生の関わりには，バイスティックの7原則のどの部分があてはまるでしょうか。その理由も含めて考えてみましょう。

ワークシート　本章の事例を読み，考えてみましょう。

① 事例 1

・カナちゃんのけんかが目立ち始めた時点で，あなたがカナちゃんの担当保育士だったら，どのようにカナちゃんに対応しますか？

・この事例でカナちゃんの問題行動の原因は何だったのでしょうか？　問題行動に対応するためにはどのような視点が必要だと思いましたか？

② 事例 2

・ショウくんの両親の関わり方についてどう思いますか？

・事例の後半部分を読んで，自分の意見を書いてみましょう。

第 **9** 章

ソーシャルワークの展開

予習課題

普段，あなたが「困ったな」と思ったとき，誰にどのように相談しますか？　それは，あまり人に言いたくない話だと仮定してください。そして，相談するとき，あるいは相談し終わった後，どのような気持ちになるか想像し，書き出してみてください。

1　ソーシャルワークの対象

　ソーシャルワークは，社会の中で暮らす人々を対象としています。今現在，大きな困り事がなく過ごしていたとしても，生活を送る中では予想もしていなかったことが起こります。たとえば，事故にあい身体の自由が利かなくなる，病気を患い寝たきりになる，突然，身内との別れを経験し悲しみに暮れ，相続問題に直面する，等々。また，年々の気象条件の悪化は，作物の成長だけではなく，人々の体の不調にも影響を来たしています。それは，誰もが生活の場を脅かされる可能性があることを示しています。ただ，様々な困り事に遭遇しても，自分の力や他者の力を借りながら生活を送っていくことができる人もいます。それは，体力や経済力，人間関係力，情報力等が備わり，うまく調和しているからこそ，自分たちの力で乗り越えることができるのです。しかし，何らかの困り事が今の自分に背負いきれないものであれば，また，色々な力を持っていたとしてもそれがうまく調和していなければ，どうしてよいかわからなくなります。このように，福祉とは，特定の困った人だけを対象にするのではなく，社会の中で暮らす人々の生活の安寧を目指すものであり，それが少数の人の困り事であったとしても "ほっておかない" 信念が根底にあります。そして，福祉の実践としてのソーシャルワークとは「老いや病気，障害などのさまざまな事情で，他者とのつながりを失いつつある，あるいは自らの生きる意味を見失いつつある人々にかかわり続けることで，人間として，すなわち社会的存在であり続けるための支援を行う活動[1]」といえます。

　人間は，人と人との関わりの中で生きています。それは，誰もが社会の中で生きている存在であり，その時々の社会状況に影響を受ける存在であるということを示しています。そのため，ソーシャルワークの方法は，直接的に人や家族への援助，関わりを行うミクロレベルから，社会的な領域（環境）への間接

---

(1)　空閑浩人（2009）「社会福祉における相談援助の意義」空閑浩人編著『ソーシャルワーク入門』ミネルヴァ書房，14頁。

的な働きかけ（メゾ・マクロレベル）まで及びます。まさに，その対象の広さは
ソーシャルワークの独自性ともいえ，総じて，社会のつながりの中で人の暮ら
しを護るための活動といえます。

2　ソーシャルワークの展開過程

　図9-1に，ソーシャルワークの展開過程を示します。援助過程は，旅にお
ける地図と表現されています。[2]そのため，地図がなければ，的確に目的地まで
辿り着くことは難しくなります。この地図を頼りに，ゴールに向けて，今何を
すべきか，どこに留意するのか等，意識的な援助を展開していきます。それは，
援助する側が一方的に「何かをしてあげる」過程ではなく，利用者が自分の生
活の中での困り事を解決していく歩みであり，その歩みを援助者が側面的に支
援する過程です。援助者は，利用者とのパートナーシップを意識し，ときに背
中を押し，ときに一緒に悩み，ときにゆっくり見守っていきます。歩みの中で
迷子になることもあるかもしれません。しかし，地図を頼りにしながら利用者
の力を信じ，利用者が自らの力でプロセスを歩むことそのものを大切にしてい
きます。

1　ケースの発見

　人は日常生活の中で，身体に異常を感じれば病院へ行きます。しかし，その
受診のタイミングは人それぞれであり，結局，病院に行かずに我慢して過ごし
てしまう人もいます。すぐに病院に行くのか，我慢するのか，それは個人の感
覚，価値基準に基づいています。また，経済的な事情で病院に通えない人もい
ます。受診したくても様々な事情で受診する時間がないのかもしれません。こ
のように病院での診察は，病院に患者がやってきてはじめて成り立ちます。そ
して，日常生活上の困り事においても同じようなことがいえ，何とかしてほし

---

(2)　山辺は，「旅や航海に出る際の地図・海図のようなもの」と表現している。山辺朗子（2003）『個人と
　のソーシャルワーク』ミネルヴァ書房，24頁。

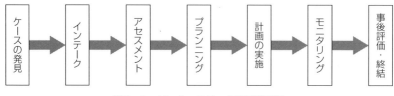

図9-1　ソーシャルワークの展開過程

出所：筆者作成。

いと相談機関に直接来られる方もあれば，来ない方もあり，来られたとしても
そのタイミングは，人それぞれです。また，どこに相談してよいか迷う人もい
ます。さらには，自分が困った状態にあることにすら気づいていない方もいら
っしゃいます。そのため，援助者は，相談機関で待っているだけではなく，生
活場面等に赴く**アウトリーチ**といった実践が求められます。これは，医師が病
院で患者を診察するのに加えて，地域に往診して住民に出会う取り組みに似て
いるかもしれません。しかし，往診の場合は，患者がそこで待っている状態で
す。一方，ソーシャルワークの対象は，援助者との出会いを望んでおらず，嫌
がる方もいらっしゃいます。たとえば，ある地域の中でごみ屋敷があれば，近
隣からは苦情が上がります。一方で，そこに暮らす方は家にあるものについて
ごみという認識がなく，自分の所有物だと言い張るかもしれません。また，学
校に行きたくないと言っている子どもを叱る親の姿を見た人が，虐待ではない
かと疑う場合もあるかもしれません。親にしてみれば子どものことを思い意見
しているだけなのに，見方によっては違った解釈になります。そのため，実際
に何が起こっているのか，そこに暮らす人に会い，ケースに気づく，色々な声
を聞く取り組みとしてアウトリーチが必要となります。援助者との出会いに
「拒否」を示される方がいれば，それもまたその人なりの訴えの方法であり，
SOSととらえていきます。なぜ，援助者との出会いを拒まれるのか，その背
景を考え，その人にとっての身近な専門職として認めてもらうことが大切とな
ってきます。

②　インテーク──援助者と相談者の出会い

　インテークは，自らの相談機関で援助を展開していくかどうかを見極める段階です。そのために，自分が属する機関のできること，できないことを明確にし，それが対象者の主訴と合致しているかを確認します。主訴とは，対象（利用）者自身が問題と思っていること，言葉に発したことです。

　インテークで留意することは，援助関係の構築です。対象者が望んで相談機関に来ているのか否かで援助を受ける動機づけは変わってきます。また，自分が抱えている問題が，本当に解決できるのか否か，目の前にいる援助者を信用してよいのか否か，さらには，緊張や葛藤といった複雑な感情が入り混じっています（図9-2）。そうした複雑な思いを大切にするためにも，十分に話を聴き，受容し，共感する姿勢が求められます。その姿勢の指標となる原則として「**援助関係の原則**」があります。アメリカの社会福祉学者であり，牧師であったバイスティックが1957年に発表したため，「**バイスティックの7原則**」といわれています。援助の数だけ関係があります。利用者に応じてどのような関係を築くことが最適かを考えることが利用者を知る一歩につながります。

③　アセスメント──情報の収集，整理，統合，分析

　当該相談機関で利用者の援助をすることになれば，その利用者が抱える問題の情報が必要となります。しかし，その問題にばかり目を向けていると，利用者の個性や，利用者が抱える問題そのものの独自性を見失いかねません。たとえば，学校に行かない子どものことで悩んでいる母親の声だけを聞き，無理やり部屋から連れ出そうとしても問題は悪化するばかりです。その子どものことを何も知らずに解決策を練るのは，本人不在の援助といえます。なぜ，学校に行かないのか，子どもの体調や気持ち，置かれている状況（環境）を把握していきます。そのため，誰がその問題に対してどのように思い，困っているのか等，具体的に情報を収集していきます。そして，訴えのあった母親からだけではなく，子ども本人，可能であれば，学校関係者，友だちといった子どもに関

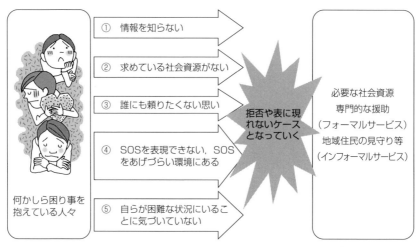

① 情報を知らない
　今は，SNSで色々な情報が出回っている時代ですが，ITを使いこなせない方は多いです。高齢の方や知的に障害がある方，経済的に困窮している方等。地域によっても情報格差はあります。

② 求めている社会資源がない
　地方の過疎化が進む中で，地域によって社会資源の量・質ともにバラつきがあります。

③ 誰にも頼りたくない思い
　子育てや家事等，長年，自分で自分のことをしてきた誇りがある分，誰かに頼ることにプライドが許さないこともあります。たとえば，ご高齢の方ならばそのプライドも尊重したいです。

④ SOSを表現できない，SOSをあげづらい環境にある
　家で虐待を受けている人たちは，恐怖で声をあげられないこともあります。助けを求めるということすら経験をしたことがないかもしれません。

⑤ 自らが困難な状況にいることに気づいていない
　無自覚な被害……たとえば，知的に障害がある方が性的な被害を受けていても，何をされているかわからないこともあります。

図9-2　発見に至りづらい例

出所：渡部律子（2023）「ソーシャルワークの全体的な流れ」『社会福祉援助技術論Ⅱ』全国社会福祉協議会，6頁をもとに筆者作成。

わる方々からも情報を得て色々な角度からその人を知ろうとすることが大切です。

　そして，得られた情報は整理することが大切です。ただ情報を聞くだけでは，その情報は，援助者の記憶の中にあるだけです。そのために記録に残し，いつ，誰からどのように情報を得たか，それらを整理していきます。そのうえで，母

親に，あるいは子どもに，そしてこの親子に何が必要なのかを考えていきます。情報収集し，整理した結果，この親子に必要な援助は，訴えのあった母親が求めていることではないかもしれません。それでも，その親子に必要なものは何かをとことん追求し，ニーズの把握をしていきます。ニーズは生活上に現れるものであり，利用者の心理・身体・社会的状況における様々な要因が絡んでいます。利用者の要求も鑑みながら，利用者にとって真に何が必要なのかを考えるアセスメントは，援助を進めていくための土台となる段階です。

④　プランニング──計画立案

　専門的な援助は思いつきで動くものではなく，意識して行う取り組みです。なぜ，そのような援助をするのか，根拠となるのがプランです。そして，そのプランの根拠がアセスメントです。

　プランは，援助者が立てることが多いですが，あくまでも，利用者本人のものです。本人と相談しながら，あるいは，本人と直接話せない場合でも，本人にとってどうあることがよりよい状態なのかを考え作成していきます。そしてプランは，利用者にとって無理のないものを作成します。生活上の極端な変化を人は拒みます。そのため，利用者と共に，あるいは，利用者に代わって目標を定め，できる範囲で，ひとつずつ階段を上がっていくような感覚です。どのルートで，その時々に誰と一緒にどのような方法で上がっていくのかを具体的に決めていきます。あくまでも利用者が上りたくなる，上りやすい階段を用意していきます。

⑤　計画の実施・モニタリング

　プランができれば，それを具体的に実施していきます。それは，利用者に直接的に働きかける方法（面接等）と，間接的に働きかける方法（関係機関との調整，連絡等）があります。そして，どのような動きであれ，利用者にとっての最善を意識した取り組みが求められます。

　ただ，アセスメントをもとにプランニングをしたとしても，本人の心身面や

置かれている状況は日々変化します。そのため，援助を実施する中で，計画がその人にとって無理のないものか，振り返ることが必要であり，その段階をモニタリングといいます。もし，無理があった場合や，計画の中で一定の成果があれば，次なるプランを立て直していきます。そのために，もう一度アセスメントし直し，その時々に応じたプランを立て，実践を繰り返していきます（再アセスメント）。一度のプランですべてが決まる，解決するということではなく，プランに基づき援助をしながら見えてくること，変わっていくことに気づき，プロセスを丁寧に追っていきます。このようにソーシャルワークは，アセスメント→プランニング→実施→モニタリング→再アセスメント→プランニング→実施→モニタリング……のプロセスを大切にしています。

　また，関わっていくうちに，気づかなかった社会資源に出会っていくこともあります。利用者を援助する際に活用できる資源はフォーマルなものにとどまらず，インフォーマルなものも含みます。そして，援助者の存在もまた貴重な社会資源です。その人にとって必要なものは活用しながら，その人らしい生活が送れるように社会的なつながりを維持し，さらに新たな社会資源を模索してきます。

6　事後評価・終結

　援助の終結にあたっては，①時間的に余裕をもって利用者に伝えること，②一連の援助のプロセスを振り返ること，③終結後の方向性，その道筋を立てておくことが必要となります。利用者も援助者がいるからこそ自信が持てた部分があるかもしれません。それが本来の自分の力の発揮であったとしても，自分ひとりでは無理だと自信をなくすかもしれません。そのため，丁寧にこれまでのプロセスを振り返り，利用者の頑張りを評価していきます。これまで頑張った本人の力は今後にも生きることを伝えていきます。そうした本人の強み，可能性に着眼することを**ストレングス視点**といいます。まさに，援助のプロセスは，その人の「できない」から「できる」を引き出すプロセスです。

　そして，終結の際，一番邪魔になるものが，援助者の思いといわれています。

援助者もひとりの人間であるがゆえに利用者に気持ちが入り込むことがあります。一定，成果を得て，援助者としての役割を終える場合，「手離したくない」という感情がわくときがあります。そのため，援助過程においては自己覚知が常に必要であり，自分を振り返る作業が，本人の自立支援につながると理解しましょう。

　さらに，いったん援助が終結してからも，必要に応じて介入することがあります。相談機関で一定の成果を得ても不安になるとき，再度助言を得たいとき等，が考えられます。また，援助者側がその後の様子を気にかけることで利用者がひとりではないという気持ちがわくかもしれません。その人がその人らしく生活していくために色々な機関が見守っていく，そして，その人なりの歩みを側面的に支援していくのです。

3　個別支援と地域支援の連動

　人の暮らしは，その地域事情と大きく関連しています。ごみ屋敷の事例や，ひきこもりの事例，虐待など様々な問題が取り上げられる中で，その問題単体だけでなく，その地域でなぜそのような問題が起こっているのかを考えていきます。そして，その表立ったひとつの事例が，実は，地域に潜在している問題の一部であるととらえていきます。他にも同じようなことで困っている人がいるのではないかと想像力を働かせます。であるならば，個別の援助と同時に，地域の援助も大切です。そのために地域の課題を整理，分析（地域アセスメント）し，それに対して策を練っていきます。

　地域のつながりの希薄化の問題はいわれて久しいです。だからこそ，今の時代に応じたつながりの構築を模索することが重要です。ひとりの声なき声に近づき，それを社会的な声にしていく，そして，新たなシステムができ，人々の暮らしに還元されていく。そのような循環をもたらすためにも，専門的資質を備えた援助者の実践（＝ソーシャルワーク）が求められるのです。このように，個別援助のみならず，地域，社会への働きかけもまた丁寧にプロセスを辿って

いきます。

　本章では，個別支援（ミクロレベル）のプロセスを重視して記述しましたが，ミクロからマクロまで幅広く人の暮らしをとらえる視点を養っていただきたいと思います。

参考文献

尾崎新（1994）『ケースワークの臨床技法──「援助関係」と「逆転移」の活用』誠信書房。

（復習課題）

援助の展開において，各段階で留意することをまとめてみましょう。

ワークシート　次の事例を読み，問いに答えましょう。

　中学3年生のAは明るく学校での成績はよかったが，2学期に入り，表情が暗く成績も落ちた。それを心配したスクールソーシャルワーカーBがAに話しかけると，Aは「祖母の様子がおかしい」と話す。詳しく聞くと，物とられ妄想があり，母に暴言を吐くことがある。単身赴任中の父が帰省時にそのことを相談するも，父の前では何も変わらない祖母であったため取り合ってもくれなかった。母は，もともと弱音を吐かない性格であり，祖母については誰にも相談しないでいた。2学期に入った頃から祖母が夜中に起きだすようになり，母への暴言が増えた。母が心配で，先日，近所の地域包括支援センターCの前まで行ったが，母に内緒であったため，勇気がなく入れなかったという。その後，Bが母に許可を得て，Cに連絡（①），Aと母が一緒に相談することとなった。そして，医師の診断により祖母はアルツハイマー認知症だとわかり，服薬を開始し，夜間の暴言は落ち着いている。また，Cの職員がケアマネジャーDに連絡，日中はデイサービスを活用することとなった。母はDに自分の思いを吐露するようになった。母の笑顔が増えたことでAも落ち着いて授業が聞けるようになった。ただ，父には母が電話で連絡をしたが，サービス導入に納得はしておらず，母も気にしているようであった（②）。

① 　自分がスクールソーシャルワーカーなら，どのように地域包括支援センターに連絡するか，その具体的なセリフを考えてみてください。

> 　　　　　　　　　　　　　　　　　　　　　　　　　　　　　　　　　　　　　　　
> 　　　　　　　　　　　　　　　　　　　　　　　　　　　　　　　　　　　　　　　

② 　この時点でわかっている情報をA，その家族ごとにまとめてください。そのうえで，新たに必要な情報を示してください。

> ・A　　　　　　　　　　　　　　　　　　　　　　　　　　　　　　　　　　　　
>
> ・家族　　　　　　　　　　　　　　　　　　　　　　　　　　　　　　　　　　　

③ 　Aとその家族に今後どのように支援をしていくか，事例に登場する専門職ごとに記してください。

> ・スクールソーシャルワーカーB　　　　　　　　　　　　　　　　　　　　　　　
> 　　　　　　　　　　　　　　　　　　　　　　　　　　　　　　　　　　　　　　
>
> ・地域包括支援センターC，ケアマネジャーD　　　　　　　　　　　　　　　　　
>

第 10 章

社会福祉における情報の扱い方

....

予習課題

子どもの福祉に関わる情報保護に関して，日本にはどのような法律があるのか調べ
てみましょう。

1　社会福祉で扱う情報と求められる配慮

1　社会福祉で扱う情報とは何か

　社会福祉で扱う情報は個人の「尊厳」「権利」「生き方」に深く関わる情報であり，その扱い方には十分な配慮が求められます。たとえば，保育所への日常的な送迎の立ち話で，体調が良くないと話していた保護者が，実は精神的な病気を患っていると打ち明けることがあるかもしれません。他にも，保育士として仕事をする中で，保護者がシングルマザーであり，経済的に厳しい中で生活保護を受けている状況を知る機会があるかもしれません。

　このような情報は個々人の守られるべき「私生活」の一部であり，軽々しく扱われることは，相手の気持ちを深く傷つけたり，ときに怒りや不安の気持ちを感じさせます。たとえ，気軽な相談として伝えられたものであっても，それがあなたとの信頼関係の中で話されていることを理解するべきであり，保育士としてその情報が相手にとってどのような意味を持つのか深く考える必要があります。社会福祉では，そのような個人のプライバシーに深く関わり，一歩間違えれば差別や偏見につながる情報を扱う場面が多くあります。

　近年のプライバシーや情報の保護意識の発展の中で，2015（平成27）年の「個人情報保護法」改正では**「要配慮個人情報」**という概念が明記されました。「要配慮個人情報」は，人種，信条，社会的身分，病歴，犯罪歴，有している障害など，不当な差別や偏見その他の不利益が生じないようにその取り扱いに特に配慮を要するものとされ，一般的な氏名などを示す「個人情報」と比べて，より厳しい規定を記しています。[(1)]保育士として，特にこのような情報を扱う際には，児童虐待など緊急性のある場合を除き，可能な限りその扱い方に関して

---

(1)　詳細は，個人情報保護委員会（2022）「個人情報の保護に関する法律についてのガイドライン（通則編）」（https://www.ppc.go.jp/files/pdf/230401_guidelines01.pdf　2023年9月5日閲覧）の10〜15頁を参照。

本人の同意を得るなど必要な配慮を行うことを意識しましょう。

② 情報の保護に関する法規定

　情報の保護に関する法規定は数多くありますが，その中でも子どもの福祉に関わるものを見ていきましょう。まずはじめに，日本の個人情報保護制度を形作る最も基本的な法律が「**個人情報の保護に関する法律（個人情報保護法）**」です。個人情報保護に関わる「基本法」としての理念，方針や国等の責務を定めるほか，「一般法」として事業者への必要最小限の規律が定められています。また，特徴として，民間機関と行政機関で守るべき条文が大きく分かれているので，実際の仕事の際には自分の所属先がどちらに当たるのか注意する必要があります。

　児童虐待については，「**児童虐待の防止等に関する法律（児童虐待防止法）**」の第5条第3項において，児童の福祉に職務上関係のある者に対して，「正当な理由がなく，その職務に関して知り得た児童虐待を受けたと思われる児童に関する秘密を漏らしてはならない」と記されています。これはもちろん，後ほど述べる児童虐待に関する通告や必要な関係機関の情報共有を妨げるものではありません。しかし，関係のない第三者に情報を漏らしてしまうことや，伝えることによって子どもに危険が及ぶ状況（たとえば，子ども自身が家庭で虐待されていることを保育士等に打ち明けてくれた際に，それをそのまま加害者である親に伝えてしまうなど）を防ぐことが目的とされています。

　次に，職種別で見てみると，「**児童福祉法**」の第18条の22では「保育士は，正当な理由がなく，その業務に関して知り得た人の秘密を漏らしてはならない。保育士でなくなつた後においても，同様とする」と記されており，もしこの規定に違反した場合には，保育士資格の登録取り消しや名称の使用禁止など，罰則規定も記されています[(2)]。また，「社会福祉士及び介護福祉士法」の第46条や「精神保健福祉士法」の第40条にも同様の規定があり，専門職としてその業務

---

(2)　「児童福祉法」第18条の19第2項より。

に就いている間はもちろん，退職した後でも，業務で知った情報は守る義務が
あります。

③ 倫理綱領におけるプライバシーの規定

　倫理綱領とは，各専門職団体が，その専門職として求められる社会的責任・
責務，価値観などを明文化した文書です。一般的に倫理綱領では，情報の守秘
やプライバシーの尊重に関する記述があり，「全国保育士会倫理綱領」（本書巻
末参照）においても「4．私たちは，一人ひとりのプライバシーを保護するた
め，保育を通して知り得た個人の情報や秘密を守ります」と記されています。
　また，専門職団体によっては，倫理綱領に加えて行動規範を制定している団
体もあり，より具体的に実践すべき行動を示したものとして参考になります。
たとえば「社会福祉士の行動規範」では，プライバシーに関係する規定として，
「8．プライバシーの尊重と秘密の保持」「9．記録の開示」「12．情報処理技
術の適切な使用」などがあげられており，それぞれの項目で具体的に記述され
ています。このように，最低限のルールとして遵守するべき法律に加えて，専
門職の責務を示す倫理的側面からもプライバシー保障を意識する必要がありま
す。

④ デジタル社会における情報の扱い方

　近年では，情報通信機器（パソコン，タブレット，スマートフォン等）の発達や
インターネット，SNS の進化により，情報のやりとりの利便性が大きく向上
しています。特に，新型コロナウイルス感染症（COVID-19）による社会的影
響として，社会福祉分野においても情報通信技術（ICT）の活用が進み，オン
ラインでの面会，チャットでの交流，記録のデータ化など，物理的距離を超え
たコミュニケーションが可能となり，人と人とのつながりがより円滑になるな
どたくさんの利益と機会を得ることができています。
　その一方で，情報の保護やプライバシー保障の観点からは様々なリスクが生
じていることも確かです。たとえば，情報の特徴として「残存性」があげられ

ますが，一度ネット上に書き込まれた文章や写真，動画は，誰かに拡散される
ことによって完全に消すことが難しくなります。これは「デジタルタトゥー」
とも呼ばれ，個人の過去の写真や動画が一生ネット上に残り続けて誰かに見ら
れてしまう危険性につながります。

　また，子育ての中でも，保護者がインターネットやSNS上で自分の子ども
に関する写真や動画を公開する「シェアレンティング（Sharenting）」がよく
行われています。「シェアレンティング」に関しても，他の保護者とのコミュ
ニケーションの促進や子育てに関するネットワークの広がりなど様々なメリッ
トがある一方で，ときには不特定多数の人に見られてその写真や動画が悪用さ
れてしまうなど，**子どものプライバシー権**への侵害という観点からは大きく懸
念もされています。このようにインターネットやSNSなどを活用する際には，
気軽な写真や動画の公開には十分に注意し，子どもや保護者のプライバシーが
十分に守られることに対して，専門職として常に義務と責任を持つことが求め
られます。

2　必要な情報共有とその仕組み

1　情報共有の意義

　子どもの福祉のために必要な情報を職場内や関係機関で共有することは，情
報の保護と同じくらい重要です。特に児童虐待に関する情報は，子どもの命や
尊厳を守ることに直接つながるものであり，もし子どもが虐待されている疑い
があると知った場合には，児童相談所等へ通告することが国民の義務となって

(3)　生じた情報は，消すことができないこと。情報はものとは異なり，他者に提供した際にも自分の中に
　　残り続ける性質を持つ。

(4)　経済協力開発機構（OECD）編著／LINEみらい財団監訳／齋藤長行・新垣円訳（2022）『デジタル
　　環境の子どもたち——インターネットのウェルビーイングに向けて』明石書店，52頁を参照。

(5)　国際連合「子どもの権利条約」第16条，「いかなる児童も，その私生活，家族，住居若しくは通信に
　　対して恣意的に若しくは不法に干渉され又は名誉及び信用を不法に攻撃されない」。

います。また，児童虐待以外のケースでも，たとえば他機関への情報共有について，「人の生命，身体又は財産の保護に必要がある場合」や「公衆衛生の向上又は児童の健全育成の推進のために特に必要がある場合」などで本人の同意を得ることが困難なときは，本人の同意を得ずに関係機関へ情報の提供が認められる場合もあります。[(6)]

　また，保護者や子どもの福祉に関わる情報を知った際には，決してひとりで抱え込んだり判断したりせず，職場内で適切な範囲の情報共有を行うことも大切です。どのようにその情報を扱うのか，どのように支援・対応を行っていくのかについて，管理職や経験豊富な上司に相談しつつ，職場内のチームで意思決定していくことが必要となります。このように常に情報の共有と保護のバランスやそのメリット・デメリットを意識しつつ，法令を遵守した適切な情報の取り扱いを心がけましょう。

❷　ケース記録の扱い方

　福祉現場における相談記録は，一般的に「ケース記録」と呼ばれ，当事者からの相談内容やニーズ，実際の支援内容，支援計画等が一定の書式に沿って記載されます。ケース記録は，自分自身がその支援内容等を整理して振り返ることや，利用者の情報を覚えておくことに加えて，他者との情報共有においても欠かせないツールとなります。同じ職場内での共有はもちろん，本人の同意や身体への危険性などの緊急性に応じて，ときには他機関との共有が求められる場合もあります。そのため扱い方に関しては，所属機関に関わる法令や記録の内容・性質等を踏まえて，保管方法・保管場所・保管期間等に十分に注意することが求められます。特に，保管方法に関しては，事業種別や日時等に基づいて規則立ったファイリングを行い，必要な情報を必要なときに閲覧できるように常に整理された状態を心がけましょう。

　また，記載における注意点として，①憶測や思い込みなどを排除して客観的

---

(6)　詳細は，「個人情報保護法」第27条，第69条などを参照。

な事実を記載すること，②記載は業務上必要な範囲にとどめること，③誰が読んでもわかりやすい表現を心がけることなどがあげられます。近年ではプライバシー権の発展の中で，「自己情報コントロール権」(7)を中心とした，当事者が自らのプライバシーをどのように扱われるかについて自己決定する重要性が指摘されています。ケース記録に関しても，本人からの開示請求や閲覧が求められる場合もあるため，普段から誰が読んでも問題のない記載を意識することが大切です。ケース記録は，同職種および他職種との情報共有のためのツールであることに加えて，必要に応じて本人を含めた様々な関係者に閲覧されるものであることを意識する必要があります。

3　児童虐待における通告と情報共有の仕組み

　情報共有が必要な事例の中でも特に児童虐待対応では，通告や情報共有が子どもの命や尊厳を守るうえで大変重要となり，その仕組みを十分に理解することは子どもに関わるすべての専門職に必須となります。

　まず「児童虐待防止法」第5条（児童虐待の早期発見等）では，「児童の福祉に職務上関係のある者は，児童虐待を発見しやすい立場にあることを自覚し，児童虐待の早期発見に努めなければならない」と記されています。そのうえで，第6条（児童虐待に係る通告）では「児童虐待を受けたと思われる児童を発見した者は，速やかに，これを市町村，都道府県の設置する福祉事務所若しくは児童相談所（中略）に通告しなければならない」と記されています。ここでの注意点は，通告対象が「児童虐待を受けたと思われる児童」であり，虐待の事実が明らかになった段階より前の，虐待が疑われる段階から通告をしなければならないことです。もちろん，この通告は，第6条第3項に記されている通り，他の守秘義務に関する法律によって妨げられるものではありません。

　また，児童虐待に関して関係機関が適切な情報共有を行う仕組みとして，

---

(7)　「自己に関する情報を，いつ，どのように，またどの程度他人に伝えるかを自ら決定できる権利」（Westin, A. F. (1967) *Privacy and Freedom*, Atheneum, p. 7）であり，現代的プライバシー権とも呼ばれる。

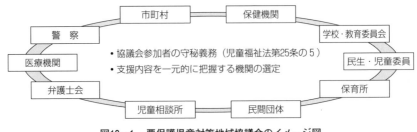

図10-1　要保護児童対策地域協議会のイメージ図

出所：厚生労働省「要保護児童対策地域協議会のイメージ図」(https://www.mhlw.go.jp/seisakuni
tsuite/bunya/kodomo/kodomo_kosodate/dv/dl/120502_08.pdf　2023年9月5日閲覧) を一部筆
者改変。

「要保護児童対策地域協議会」があります。これは児童福祉法第25条の2に規
定されている、虐待を受けた児童などに関して、関係機関が情報共有を図り、
適切な支援を検討するためのネットワーク (図10-1) です。児童福祉、保健
医療、教育、警察・司法、人権擁護、配偶者暴力、その他 NPO 法人など幅広
い関係機関の参加や情報提供が可能であり、各市町村において定期的に開催さ
れています。「要保護児童対策地域協議会」では、要支援児童・要保護児童・
特定妊婦について必要とされる情報共有が可能である一方、参加する中で知り
得た秘密を漏らすことは禁止されています。[8] このように厳密な守秘を行いつつ、
関係機関の適切な情報共有を行う仕組みとして、「要保護児童対策地域協議会」
は重要な役割を担っています。

3　福祉サービス利用者への情報提供

1　福祉サービスに関する情報提供の意義

　福祉に関わる情報の扱い方では、様々な福祉サービスを利用する際に事業者
から利用者へ、サービス内容や費用負担等に関する十分な情報提供を行うこと

---

(8)　「児童福祉法」第25条の5より。

も必要です。その背景として，今日の福祉サービスは契約方式を基本としています。契約方式では，事業者と利用者は対等な関係に基づき，利用者自身が必要と考えるサービスを主体的に判断・選択して契約を結ぶ仕組みとなっています。その際には，利用者自身が福祉サービスに関する情報を十分に把握し，理解することによって，自分に合ったサービスを選ぶことができ，その納得度合いも上がると考えられます。

　一方で，このような福祉サービスに関する情報提供は，実際には容易なことではありません。たとえば，福祉サービスを利用する方には，様々な障害や特性を持った方も多くいます。目や耳が不自由な方には，声や筆談などその人に合った説明の仕方が必要となり，また外国にルーツを持ち日本語の理解が難しい方には，より簡単な日本語を使用することやその方の扱う言語を用いて説明することが求められます。また，近年の福祉サービスは非常に多種多様であり，日を追うごとに法律の改正等もあるので，利用者がそのサービス内容を十分に理解して比較するためには丁寧な説明が必要となります。

　不十分な情報提供では，利用者と事業者の「**情報の非対称性**」(9)により，サービスに対する誤解や思い込み等のトラブルが生じる可能性もあります。そういった状態を防ぎ，利用者への説明責任（アカウンタビリティ）を十分に果たすことが権利擁護の観点からも求められます。

❷　情報提供に関する主な法規定

　主な法規定として，「**社会福祉法**」**第75条**（情報の提供）では，社会福祉事業の経営者に対して「福祉サービス（中略）を利用しようとする者が，適切かつ円滑にこれを利用することができるように，その経営する社会福祉事業に関し情報の提供を行うよう努めなければならない」と記し，また国および地方公共団体に対して，「福祉サービスを利用しようとする者が必要な情報を容易に得られるように，必要な措置を講ずるよう努めなければならない」と記していま

---

(9)　サービスや商品等について，提供者と受領者の間で情報の量や質に格差があること。一般的には提供者の方が情報を多く持っており，適切に受領者へ情報提供することが必要となる。

す。従来では，パンフレットや広報誌などの活用が一般的でしたが，最近では，ウェブサイトやSNSを活用してスマートフォン等で気軽に検索できる仕組みも増えており，利用者がよりアクセスしやすい媒体で情報提供を行うことが求められています。

また，そういった情報提供の注意点として，**第79条（誇大広告の禁止）**では「広告された福祉サービスの内容（中略）について，著しく事実に相違する表示をし，又は実際のものよりも著しく優良であり，若しくは有利であると人を誤認させるような表示をしてはならない」と記されています。契約方式では，複数の福祉サービス事業者が比較されることも踏まえて，利用者へ正しい事業内容を伝える必要があります。

その他，**第76条（利用契約の申込み時の説明）**では，社会福祉事業の経営者に対して，利用者から福祉サービスの利用希望に関する申込みがあった際に，契約内容等の説明を行う努力義務を課しており，**第77条（利用契約の成立時の書面の交付）**では，契約成立時にサービス内容や費用負担等を記した書面の交付を義務づけています。これらは「**インフォームド・コンセント**[10]」とも関連して利用者保護に関わる重要な規定であり，事業者から利用者に対して説明責任を果たすための最低限のルールとして理解されるべき法規定です。以上のような法規定を遵守しつつ，福祉サービスの提供者には常に適切な情報提供が求められます。

参考文献

柏女霊峰監修／全国保育士会編（2018）『全国保育士会倫理綱領ガイドブック（改訂2版）』全国社会福祉協議会。

経済協力開発機構（OECD）編著／LINEみらい財団監訳／齋藤長行・新垣円訳（2022）『デジタル環境の子どもたち——インターネットのウェルビーイングに向けて』明石書店。

---

[10] 契約・援助方針等の決定の際に，対象者に対して十分な説明を行い，その内容について理解が得られたうえで決定に関する同意を得ること。

個人情報保護委員会（2022）「個人情報の保護に関する法律についてのガイドライン（通則編）」（https://www.ppc.go.jp/files/pdf/230401_guidelines01.pdf　2023年9月5日閲覧）。

全国民生委員児童委員協議会監修／小松源助・大屋勇造（1991）『福祉相談におけるプライバシー問題』全国社会福祉協議会。

日本社会福祉士会編（2022）『社会福祉士の倫理――倫理綱領実践ガイドブック（3訂）』中央法規出版。

Westin, A. F.（1967）*Privacy and Freedom*, Atheneum.

復習課題

本文にあげられていた法律について，その具体的な対象者や規定内容を，実際に自分で調べてみましょう。

ワークシート　本章の内容を踏まえて，以下のことに取り組みましょう。

① 「個人情報の保護に関する法律についてのガイドライン（通則編）」（https://www.ppc.go.jp/files/pdf/230401_guidelines01.pdf）10〜15頁における「要配慮個人情報」の記述も参考にしつつ，子どもや保護者の立場から，特に取り扱いに注意してほしい情報とはどのようなものがあるのか考えてみましょう。

② 保護者からの福祉に関わる相談があった際に，その内容を記録として記入するうえで，どのような表現に気をつけるべきか考えてみましょう。

③ 自分の住んでいる地域の児童福祉施設をインターネットで検索して，その事業内容やサービスについて，どのような情報提供が行われているのか調べてみましょう。

第 **11** 章

権利擁護のための評価制度と苦情解決

....

予習課題
社会福祉基礎構造改革のポイントについて調べてみましょう。

1 権利擁護が必要とされる背景

　社会福祉基礎構造改革以降，福祉サービスの利用方法は従来の**措置制度**から原則，**利用（契約）制度**へと転換されました。これにより，利用者は自らが利用するサービスを選択し，サービスの利用には自己責任を負うこととなりました。

　サービス提供者に対しては，「福祉サービスは，個人の尊厳の保持を旨とし，その内容は，福祉サービスの利用者が心身ともに健やかに育成され，又はその有する能力に応じ自立した日常生活を営むことができるように支援するものとして，良質かつ適切なものでなければならない」（社会福祉法第3条）とし，**利用者の尊厳の保持**や**良質なサービスの提供**を求めています。

　このように，福祉サービスの利用，提供については双方が対等な立場に立ち利用者本位のサービス提供とその利用に向けた態勢づくりを行うことが求められています。そのため社会福祉法では，福祉サービスの質の向上のための措置（第78条）や社会福祉事業の経営者による苦情の解決（第82条）を定めています。

2 福祉サービスの質の向上のための評価制度

　福祉サービスの質の向上のための福祉サービスの**第三者評価**や**自己評価**の仕組みが整えられています。

　行政監査は，法令が定める最低基準を満たしているか否かについて，定期的に所轄の行政機関が行うものですが，福祉サービス第三者評価は，最低基準以上に福祉サービスの質の向上を目指しているという点で違いがあります（図11-1）。

1 福祉サービス第三者評価

　利用者による適切なサービスの選択や提供される**サービスの質の向上**を目的

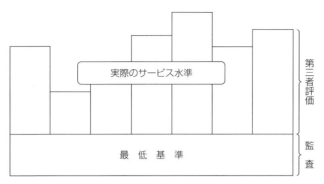

図11-1　第三者評価と最低基準および監査との関係

出所：福祉サービスの質に関する検討会（2001）「福祉サービスにおける第
三者評価事業に関する報告書」。

に福祉サービス第三者評価が行われています。

　福祉サービス第三者評価は，社会福祉法人等の事業者が提供するサービスの
質を利用者やサービス提供者以外の公正・中立な第三者機関が，専門的かつ客
観的な立場から評価するものです。評価結果は，理念や基本方針を具体化し，
よりよい福祉サービスの実現に向けた達成度を示すもので，福祉施設や事業所
の格づけや順位づけを行うものではありません。受審の対象となるサービスに
は，特別養護老人ホームや養護老人ホーム，障害者支援施設や救護施設などが
あり，児童福祉の分野では保育所や児童館があげられます。しかし，福祉サー
ビス第三者評価の受審は任意となっていることから受審率の伸び悩みや受審す
る施設や事業所が固定していること，評価結果の公表も任意となっていること
など，利用者の選択に資するものとなるためには様々な課題も指摘されていま
す。

② 社会的養護関係施設における第三者評価

　福祉サービス第三者評価は，社会福祉事業の事業者が任意で受審する仕組み
ですが，**社会的養護関係施設**（児童養護施設，乳児院，児童心理治療施設，児童自
立支援施設，母子生活支援施設）については，子どもが施設を選ぶ仕組みでない

表11-1　2つの第三者評価制度の特徴

	福祉サービス第三者評価	社会的養護関係施設における第三者評価
対　象	福祉サービス ・児童（保育所，児童館など） ・障害（障害者支援施設，生活介護，就労継続支援など） ・高齢（特別養護老人ホーム，養護老人ホームなど） ・その他の福祉サービス	児童養護施設 乳児院 児童心理治療施設 児童自立支援施設 母子生活支援施設
受　審	任　意	義務（3年に1回以上受審）
公　表	任　意	義　務
評価基準	都道府県推進組織が策定した評価基準	全国共通の第三者評価基準。ただし，都道府県推進組織が独自に策定可能
評価機関	都道府県推進組織が認証した評価機関	全国推進組織が認証した評価機関（全国で有効） ただし，都道府県推進組織が認証した評価機関も可能

出所：全国社会福祉協議会「第三者評価事業／社会的養護施設第三者評価事業の仕組み　比較一覧表」等の資料をもとに筆者作成。

措置制度であり，子どもを権利の主体とする**権利擁護**の観点から，施設運営や提供される福祉サービスの質の向上が必要とされているため2012（平成24）年度から第三者評価の受審および自己評価並びにその結果の公表が義務づけられています。

　これらの施設が福祉サービス第三者評価事業を活用する目的には，①子どもが措置施設を選ぶ仕組みでないこと，②施設長による親権代行等規定があること，③被虐待児童等が増加し，施設における養育等の向上や，施設内での権利侵害の防止が重要な課題となっていることなどがあげられています。

　これらの施設では，第三者評価を3か年度に1回以上受審，その間の年度においては，第三者評価基準の評価項目に沿って自己評価を行い公表することとなっています。

　2つの第三者評価制度の特徴は，表11-1のようになっています。

③　保育所における自己評価

　保育所では，これらの第三者評価以外に自己評価の取り組みが行われていま

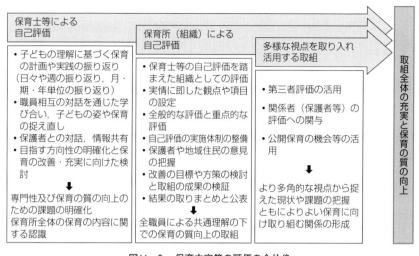

図11-2　保育内容等の評価の全体像

出所：厚生労働省（2020）「保育所における自己評価ガイドライン（2020年改訂版）」8頁。

す。自己評価は，保育所保育指針に基づき保育内容等の評価として「保育士等が自らの保育を振り返って行う自己評価（保育士等の自己評価）」とそれを踏まえた「保育所が組織全体で共通理解をもって取り組む自己評価（保育所の自己評価）」を基本として行われています。厚生労働省は，「保育所における自己評価ガイドライン（2020年改訂版）」を公表し実施を促しています。

　保育内容等の評価では，保育所とそれを取り巻く地域のことをよく知っている保護者や近隣住民等の身近な関係者に評価に関わってもらうことで，保育の改善や充実に関わる仕組みをつくることもできます。

　また，先に述べた第三者評価の仕組みの活用も保育実践の改善や保育の質の向上につながります。

　このように保育内容等の評価とそれに関連する様々な取り組みは，保育所において提供されるサービスの質の向上につながる一連の取り組みとしてとらえられています（図11-2）。

④　児童相談所および一時保護所における自己評価・外部評価

　児童相談所および一時保護所では，児童福祉法に基づき，業務の自己評価や第三者評価が行われています。第三者評価の項目には，権利擁護に関する項目として，子どもの権利について説明しているか，アドボカシー（権利擁護）について説明しているか，援助方針決定前に子どもからの意向や意見を聴いているか，意見を援助方針に反映しているかなどが位置づけられています。

　2022（令和4）年に改正された児童福祉法では，都道府県等において，引き続き，子どもの権利擁護の取り組みを推進するため，①子どもの権利擁護の環境整備を行うことを都道府県等の業務として位置づけ，②都道府県知事または児童相談所長が行う措置等の決定時において，子どもの意見聴取等を行うこととし，③子どもの意見表明等を支援するための事業を制度に位置づけ，その体制整備に努めることとするとしています。

3　福祉サービスの利用と苦情解決

　福祉サービスの利用，提供については，利用者とサービス提供者の対等な関係を保障するとともに，弱い立場になりがちな利用者側を支えていくための態勢づくりが求められており，そのひとつに**苦情解決**の取り組みがあります。苦情解決の取り組みのねらいには，サービス利用者の権利擁護とサービスの質の向上があげられます。

①　社会福祉事業の経営者による苦情解決（事業者段階の仕組み）

　社会福祉法第82条に，社会福祉事業の経営者による苦情の解決が規定されたことを受け，福祉サービスを提供する経営者が自ら苦情解決に取り組む際の参考として「社会福祉事業の経営者による福祉サービスに関する苦情解決の仕組みの指針について」が示されました。これには，苦情解決の仕組みの目的として，苦情への適切な対応は，自ら提供する福祉サービスの検証・改善や利用者

の満足感の向上，虐待防止・権利擁護の取り組みの強化など，福祉サービスの質の向上に寄与するものであり，このような取り組みは社会福祉事業を経営する者の**社会的信頼性の向上**につながると位置づけています。

　苦情解決を実施するための体制として，福祉サービスを提供する経営者に苦情解決責任者，苦情受付担当者，第三者委員の設置を次のように求めています。

○苦情解決責任者

　苦情解決の責任体制を明確にするため，施設長，理事等を苦情解決責任者としています。

○苦情受付担当者

　サービス利用者が苦情の申出をしやすい環境を整えるため，職員の中から苦情受付担当者を任命することとしています。

　苦情受付担当者は，①利用者からの苦情の受付，②苦情内容，利用者の意向等の確認と記録，③受け付けた苦情およびその改善状況等の苦情解決責任者および第三者委員への報告を行うこととなっています。

○第三者委員

　苦情解決に社会性や客観性を確保し，利用者の立場や特性に配慮した適切な対応を推進するため，第三者委員を設置することとしています。

　第三者委員は，苦情受付担当者から受け付けた苦情内容の報告聴取，苦情内容の報告を受けた旨の苦情申出人への通知，利用者からの苦情の直接受付，苦情申出人への助言，事業者への助言，苦情申出人と苦情解決責任者の話し合いへの立ち会いや助言，苦情解決責任者からの苦情に係る事案の改善状況等の報告聴取，日常的な状況把握と意見傾聴を行う（図11-3）こととなっており，事業者には利用者が第三者委員を活用できる体制を整備することが求められています。

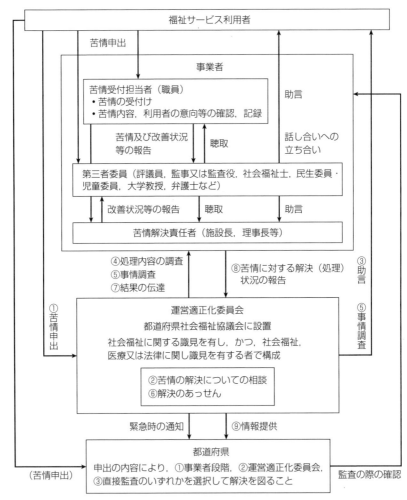

図11-3　福祉サービスに関する苦情解決の仕組みの概要図

出所：社会保障審議会福祉部会（2004）「社会福祉事業及び社会福祉法人について（参考資料）」より筆者加筆。

❷　運営適正化委員会（都道府県段階の仕組み）

　社会福祉法第2条に規定する社会福祉事業において提供される福祉サービスに対する苦情解決のための相談等を行う機関として，都道府県社会福祉協議会に**運営適正化委員会**（社会福祉法第83条）が設置されています。運営適正化委員会は，福祉サービスに関する苦情について解決の申出があったときは，その相談に応じ，申出人に必要な助言をし，当該苦情に係る事情を調査します。また，福祉サービスを提供した者の同意を得て，苦情の解決のあっせんを行うことができる（社会福祉法第85条）とされています。

　福祉サービスに関する苦情は，本来，利用者と事業者との間で解決されるべきものとされていますが，運営適正化委員会は次の視点から解決の取り組みを補完することを意図しています。①利用者と事業者の関係性などから，直接，事業者に苦情が申し出ることが難しい場合。②利用者からの苦情に対し，第三者による客観的な判断と解決に向けた関与の求めに対応する。③事業者への苦情を把握し，その分析等を通じ，事業者に福祉サービスの質の向上を図る取り組みを行い，福祉サービス業界全体の底上げを図る。

　運営適正化委員会は，①〜⑨および緊急時の通知に係る事項を事業者，都道府県と分担して実施しています（図11-3）。

　なお，運営適正化委員会は運営適正化委員会の行う福祉サービス利用援助事業に関する助言等（社会福祉法第84条）も行っています。

参考文献

倉田康路（2014）『介護保険サービス苦情の構造——苦情を活かせばサービスが変わる』学文社。

厚生労働省（2018）「保育所保育指針解説」。

厚生労働省（2020）「保育所における自己評価ガイドライン（2020年改訂版）」。

全国社会福祉協議会（2022）「福祉サービス第三者評価事業の改善に向けて」。

復習課題

運営適正化委員会に寄せられている苦情の件数や種類，具体的な内容について調べてみましょう。参考：社会福祉法人全国社会福祉協議会「苦情受付・解決状況」都道府県運営適正化委員会実績報告（https://www.shakyo.or.jp/tsuite/jigyo/research/Annum/unteki/index.html）。

ワークシート 本章の内容を踏まえ，以下のことに取り組みましょう。

① 福祉サービスの第三者評価や自己評価はどうして必要とされているのでしょうか。サービス利用者，提供者それぞれの視点から意見を出し合ってみましょう。

	自分の意見	グループメンバーの意見
サービス利用者		
サービス提供者		

② 社会福祉事業の経営者による苦情解決の必要性について，利用者の権利擁護や提供されるサービスの質の向上の視点から意見を出し合ってみましょう。

	自分の意見	グループメンバーの意見
利用者の権利擁護		
サービスの質の向上		

第 **12** 章

児童を取り巻く多様な課題と地域ネットワーク

┌ 予習課題 ┐

新聞記事を検索し，特に印象に残った児童虐待事件 1 件について，①事件概要，②発生の理由や背景，③防止策についての自分の意見を A 4 用紙 1 枚程度にまとめましょう。①②は記事に書いてある事実から抜き出し，③については自分で考えたことを記しましょう。

1　児童を取り巻く多様な課題

　みなさんは,「児童を取り巻く課題」と聞いて, どのようなことを思い浮かべるでしょうか。保育所等における不適切保育, 見えにくいヤングケアラーの存在, 不登校児童に対する支援のあり方など, ニュースなどでも目にする, 様々な課題が浮かぶことと思います。本章では, 児童虐待を取り上げ, 児童虐待を解消したり, 未然に防いだりする手立てとして, 地域ネットワークについて学びたいと思います。

1　児童虐待の現状

　2021 (令和 3) 年度中に, 全国225か所の児童相談所が児童虐待相談として対応した件数は20万7660件で, この件数は増加の一途を辿っています[1]。また, 児童虐待により, 子どもが命を落とす事態も多数発生しています。厚生労働省が把握した, 2020 (令和 2) 年 4 月から2021 (令和 3) 年 3 月までの死亡事例は66例 (77人) に上ります。この中には, たとえば, 保護者が子どもの病気を危惧して一緒に死のうとする無理心中なども含まれていますが, このことは, 子どもの生命や生活が保護者等の周囲の大人に左右されやすいことを物語っています。虐待死に関しては, 0 歳児が65.3%と最も多く, 保護者のお世話なしでは生きられない乳児が, 保護者の暴行やネグレクトにより命を落としています[2]。

2　虐待による子どもへの影響

　多くの子どもたちが, 日々, 保護者等による身体的な暴力 (**身体的虐待**) や

---

(1)　こども家庭庁「令和 3 年度　児童相談所での児童虐待相談対応件数」(https://www.cfa.go.jp/assets/contents/node/basic_page/field_ref_resources/a176de99-390e-4065-a7fb-fe569ab2450c/1cdcbd45/20230401_policies_jidougyakutai_07.pdf　2023年 9 月 6 日閲覧)。

(2)　厚生労働省「令和 4 年　子ども虐待による死亡事例等の検証結果等について (第18次報告)」(https://warp.da.ndl.go.jp/info:ndljp/pid/12862028/www.mhlw.go.jp/content/11900000/01.pdf　2023年 9 月 6 日閲覧)。

言葉による脅し（**心理的虐待**），食事等が十分に与えられないこと（**ネグレクト**），自分の体の大事な部分を触られること（**性的虐待**）などの重大な人権侵害にあっています。児童虐待は，長期にわたり，子どもの体や心に深刻な影響を及ぼします。まず，身体面への影響としては，低身長，栄養発育障害がめずらしくありません。十分な食べ物を与えられていないことがひとつの理由ですが，それだけではありません。愛情が十分に注がれない環境で育った場合，成長ホルモンの分泌が障害されることがあり，そのために低身長が見られます。また，精神面への影響としては，年少児では，過食や盗み食いなどの食行動の異常が認められることがあります。また，痛みに対してほとんど反応しないこともあります。多動や乱暴，落ち着きがないこともあります。対人関係では，警戒的で内にこもるか，一見人なつっこいが表層的な対人交流しかもてないという大きく2つのタイプが認められます。成長後も，周囲から見ると非行としか見られない行動の背景に虐待が隠れていることは少なくありません。具体的には，教室から抜け出す，友人とのトラブル・けんかが多い，盗み，家出，喫煙，飲酒などがあります。⁽³⁾

3　児童虐待の発生要因

これほど深刻なものであるにもかかわらず，児童虐待はなぜ起きるのでしょうか。虐待に至るおそれのあるリスク要因として，保護者側のリスク，子ども側のリスク，養育環境のリスク，その他のリスクがあります。保護者側のリスクは，望まない妊娠・出産や産後うつ病などがあります。子ども側のリスクは，乳児，未熟児（低出生体重児）などがあります。養育環境のリスクは，経済的困窮や社会的な孤立などがあります。その他のリスクは，母子健康手帳の交付を受けていないことなどがあります。しかし，これらの要因を多く有しているからといって，必ずしも虐待につながるわけではないことに留意する必要があります。⁽⁴⁾

---

(3)　宮本信也「子ども虐待について」『心と社会』31(1)（https://www.jamh.gr.jp/kokoro/99_special.html　2023年9月6日閲覧）。

2　地域ネットワークの活用

1　フォーマル／インフォーマルなネットワーク

　それでは，児童虐待に対して，ネットワークを用いてどのような対応がなされているでしょうか。まず，ネットワークには，法律などに基づいて構築される**フォーマル**なものと，法律などに基づかずに日々の人間関係などゆるやかなつながりにより構築される**インフォーマル**なものがあります。

2　フォーマルなネットワークとしての要保護児童対策地域協議会

　フォーマルなネットワークの代表的なものが児童福祉法に基づき設置される**要保護児童対策地域協議会**（要対協と呼ぶ場合や地域協議会と呼ぶ場合がありますが，ここでは以下，地域協議会とします）です。地域協議会は，虐待を受けている子どもをはじめとする支援対象児童等の早期発見や適切な保護を図るためには，関係機関がその子どもや家庭に関する情報や考え方を共有し，適切な連携のもとで対応していくことが重要であるとの認識のもとに設置されています。運営の中核となって関係機関相互の連携や役割分担の調整を行う機関を明確にするなどの責任体制の明確化や，円滑な情報の提供を図るための個人情報保護の要請と関係機関における情報共有の関係の明確化を図っています。地域協議会においては，情報の共有化を通じて，関係機関が同一の認識のもとに，役割分担しながら支援を行うため，支援を受ける子どもや家庭にとってよりよい支援が受けられやすくなるなどの意義があります。

　地域の関係機関としては，図12-1にあるように，保健センターやこども家庭センター，保健所，保育所・幼稚園・小学校，放課後児童クラブ，児童館，民生・児童委員（主任児童委員）などがあります。ひとつの機関で把握できる

---

(4)　厚生労働省「平成25年　子ども虐待対応の手引き」（https://www.mhlw.go.jp/seisakunitsuite/bunya/kodomo/kodomo_kosodate/dv/dl/120502_11.pdf　2023年9月6日閲覧）。

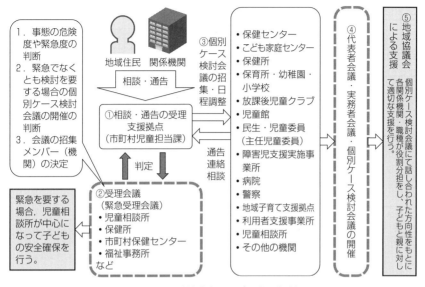

図12-1　地域協議会のモデル的な実践例

出所：厚生労働省「令和2年『要保護児童対策地域協議会設置・運営指針』」より一部筆者改変。

　子どもと家族の情報や姿には限界がありますが，子どもと家族に関わる様々な地域の機関が集まることで，様々な情報や姿を持ち寄り，子どもと家族を多面的にとらえることが可能になります。それにより児童虐待に関する課題の共有化を図ったり，リスクのアセスメントを協働で行ったりすることができます。

　また，会議の開催においては，図12-1の④にあるように，構成員の代表者による会議（代表者会議），実務担当者による会議（実務者会議），個別の事例について担当者レベルで適時検討する会議（個別ケース検討会議）の3層構造が想定されています。

　代表者会議は，実務者会議が円滑に運営されるための環境整備を目的として，年に1〜2回程度開催されます。

　実務者会議は，すべてのケースについて定期的な状況のフォロー，主担当機関の確認，支援方針の見直しなどを行っています。また，定例的な情報交換や，個別ケース検討会議で課題となった点のさらなる検討なども実施しています。

個別ケース検討会議は，個別の支援対象児童等について，直接関わりを有している担当者や今後関わりを有する可能性がある関係機関の担当者等により，具体的な支援の内容等を検討するために適時開催されます。その対象は，当然のことながら，虐待を受けた子どもに限られるものではありません。学校や保育所等に在籍する，虐待ケースとして進行管理台帳に登録されている子どもについては，定期的に（おおむね1か月に1回），学校等から出欠状況等の情報提供を受け，必要に応じて個別ケース検討会議を開催するなど，子どもが利用している機関だけの評価ではなく，地域協議会として状況把握や対応方針の検討を行うことが適当とされています。

　地域協議会の他にも，たとえば，少年非行問題を扱うネットワークとしては，学校・教育委員会が調整役となっているネットワークや，警察が調整役になっているネットワークも存在します。これら3つのネットワークは，それぞれ，中心となって活動する機関やケースに取り組む際の視点や手法が異なると考えられます。ケースごとにその子どもが抱える問題に最も適切に対応できるネットワークを活用することが望ましいことから，地域協議会としても，日頃から，関係するネットワークとの連携・協力に努めるものとされています。⁽⁵⁾

❸　インフォーマルなネットワークとしての地域住民同士のつながり

　また，インフォーマルなネットワークとしては，家族や友人，親戚，隣近所同士の付き合いなどが考えられます。子どもに「しつけ」と称して，個人的なイライラをぶつけて自己嫌悪に陥っていた保護者が，地域子育て支援拠点を利用し，同じような年齢の子を持つ保護者と出会い，悩みをふと吐き出した際に共感を示してくれたことで，心にゆとりを取り戻し，子どもにあたらずに済むことなどがあります。また，専門職であってもインフォーマルなネットワークは重要であり，日頃から保育所の園だよりを地域一帯に配布し，地域住民と挨

---

(5)　厚生労働省「令和2年『要保護児童対策地域協議会設置・運営指針』」（https://www.cfa.go.jp/assets/contents/node/basic_page/field_ref_resources/fdf4848a-9194-4b7c-b228-1b7ed4847d58/9ac668ca/20230401_policies_jidougyakutai_hourei-tsuuchi_71.pdf　2023年9月6日閲覧）。

挨を交わしていた園において，利用児が通園途中に保護者に暴言を吐かれていたことを地域住民が園に知らせるケースなどもあります。

　日常的な顔の見える関係性が，保護者が悩みを吐き出すことや地域住民が気になった情報を寄せることなどにつながることを踏まえ，専門職として，子どもや保護者に対してインフォーマルなネットワークの構築につながるサポートを行うことや自身と所属機関のインフォーマルなネットワークを充実させることが重要になってくるでしょう。

④　多様な課題に対する地域ネットワークの応用

　本章では，児童を取り巻く多様な課題のひとつとして児童虐待に焦点を当てましたが，その他の課題に対しても，地域ネットワークによる支援は有効です。たとえば，「毎朝，道で挨拶を交わす子どもがいつも眠そうにしている」などの地域住民の「ちょっとした違和感」によってヤングケアラーである子どもが「発見」され，専門職がケアを要する家族に対して各種の福祉サービス等を紹介することで，子どもと家族の生活のしづらさが解消されることなどがあります。地域の中に，何層にも重なるネットワークがあることにより，重篤な状態に陥る手前で子どもと家庭を支援することが可能になります。このことは，現に問題を抱える家庭だけでなく，一般の家庭においても地域ネットワークが有効であることを意味します。たとえば，強い育児不安ではないものの，子育てにストレスを感じる保護者は多くいます。そうした保護者にとって，子育ての不安や悩みを吐き出せる相手や場所が地域に存在すると，不安や悩みを抱えずに過ごすこととなり，問題の深刻化を防げます。地域ネットワークは，特殊なケースだけでなく一般家庭においても重要なのです。

ワークシート　本章の内容を踏まえ，以下のことに取り組みましょう。

① みなさんは，「児童を取り巻く課題」と聞いて何を思い浮かべますか。また，それはなぜ発生すると思いますか。箇条書きで記しましょう。その後，近くの友だちと記した内容をシェアしましょう。

② 本章から読み取れる，要保護児童対策地域協議会を設置する意義をまとめましょう。まとめ終えたら，厚生労働省「令和2年『要保護児童対策地域協議会設置・運営指針』」を参照し，意義8点を確認し記入しましょう。

③ 次のような場合に，どのような地域ネットワークが有効でしょうか。考えを記しましょう。その後，近くの友だちと記した内容をシェアしましょう。

・経済的に困窮している子どもと家庭

・不登校の子どもとその家庭

第 **13** 章

地域共生社会の構築と子育て支援の総合施策

予習課題

「地域共生社会」と聞いてどんなことをイメージしますか。思いつくままに簡条書きでまとめてみましょう。

1　地域共生社会を目指すことになった背景

　現在，日本では高齢化や人口減少による福祉サービスのニーズの高まりだけ
でなく，福祉ニーズの多様化・複雑化が進んでいます。

① 高齢化と人口減少

　日本が65歳以上の高齢者の割合が人口全体の7％を超えている状態「**高齢化
社会**」になったのは1970（昭和45）年のことでした。その後，1994（平成6）年
には高齢化率は14％を超え「**高齢社会**」となり，2007（平成19）年に高齢化率
が21％を超え「**超高齢社会**」となりました[(1)]。2023（令和5）年の総務省の報
告によると[(2)]，2022（令和4）年10月1日現在の65歳以上の高齢化率は29.0％と
なっています。また，2008（平成20）年以降，人口減少が始まっており，2056
年には，人口1億人を切ることが予測されています[(3)]。今後，ますます高齢者の
割合が高くなり，福祉サービスのニーズが高まり，人口減少によって，専門人
材をはじめとした様々な担い手不足が予想されます。

② 福祉ニーズの多様化・複雑化

　内閣府の「こども・若者の意識と生活に関する調査（令和4年度）」によると，
15～64歳の生産年齢人口の50人に1人がひきこもりの状態になっていることが
明らかになっています[(4)]。この**ひきこもりの長期化**によって起きている社会問題

---

(1)　内閣府（2023）「令和5年版高齢社会白書（全体版）（PDF版）」2～6頁参照（https://www8.cao.
　　go.jp/kourei/whitepaper/w-2023/zenbun/05pdf_index.html　2023年9月1日閲覧）。

(2)　総務省（2023）「人口推計（2022年（令和4年）10月1日現在）」（https://www.stat.go.jp/data/jinsui/
　　2022np/index.html　2023年9月1日閲覧）。

(3)　国立社会保障・人口問題研究所（2023）「日本の将来推計人口（令和5年推計）」（https://www.ipss.
　　go.jp/pp-zenkoku/j/zenkoku2023/pp_zenkoku2023.asp　2023年9月1日閲覧）。

(4)　内閣府（2023）「こども・若者の意識と生活に関する調査（令和4年度）」（https://www8.cao.go.jp/
　　youth/kenkyu/ishiki/r04/pdf-index.html　2023年9月1日閲覧）。

の中に，80代の親が50代の子どもの生活を支える「**8050問題**」があります。この「8050問題」ひとつをとっても，80代の親の介護が必要となった場合に，福祉サービスを活用して施設入所できるように調整しても，今まで80代の親と同居し，主に親の年金で暮らしてきた50代の子どもの経済状況などの課題が残ります。他にも，年々，増加傾向にある虐待やDV等の背景には，老老介護，障害，ひとり親，貧困といった複合的な課題が存在する場合や，分野横断的な対応が必要な多様かつ複雑な福祉的ニーズや課題を抱えていることが多く，ひとつの分野だけによる縦割り的な支援では対応できない，包括的な支援体制が必要となります。

2　地域共生社会の構築

　国は，地域住民や多様な主体の参画によって，人と人，人と資源が世代や分野を超えてつながることで，ひとりひとりの暮らしと生きがい，地域をともに創っていく社会，誰もが役割を持てる「**地域共生社会**」を目指しています。

① 地域共生社会の実現を目指して

　厚生労働省は，「誰もが支えあう地域の構築に向けた福祉サービスの実現——新たな時代に対応した福祉の提供ビジョン[(5)]」を報告し，今後，必要なこととして，表13-1のように，①家族・地域社会の変化に伴い複雑化する支援ニーズへの対応，②人口減社会における福祉人材の確保と質の高いサービスへの対応，③誰もが支えあう社会の実現の必要性と地域の支援ニーズの変化への対応をあげました。そして，ニッポン一億総活躍プラン（平成28年6月2日閣議決定）では，「子供・高齢者・障害者など全ての人々が地域，暮らし，生きが

---

(5)　厚生労働省新たな福祉サービスのシステム等のあり方検討プロジェクトチーム（2015）「誰もが支えあう地域の構築に向けた福祉サービスの実現——新たな時代に対応した福祉の提供ビジョン」（https://www.mhlw.go.jp/file/05-Shingikai-12201000-Shakaiengokyokushougaihokenfukushibu-Kikakuka/bijon.pdf　2023年9月1日閲覧）。

表13-1　地域共生社会の実現のために今後必要なこと

①　家族・地域社会の変化に伴い複雑化する支援ニーズへの対応
高齢者，障害者，こどもの分野など，対象ごとに制度・サービスが「縦割り」の状態では，多様かつ複雑化した課題をもつ家族を支援するのに困難となるため，分野を問わない包括的な相談・支援を行うことを可能とすることが必要である。
②　人口減社会における福祉人材の確保と質の高いサービスへの対応
人口減少社会において福祉サービスを持続可能なものとするべく，効果的・効率的なサービス提供体制について検討し，キャリアのあり方を含めた福祉人材の活用についても検討を重ねることが必要である。
③　人口減社会における福祉人材の確保と質の高いサービスへの対応
誰もが支え，支えられる社会の実現を目標に掲げながら，適切であると考える福祉サービスの提供体制の構築が可能となるよう，多様なサービス提供体制の確立をしていくことが必要である。

出所：厚生労働省（2015）「誰もが支えあう地域の構築に向けた福祉サービスの実現——新たな時代に対応した福祉の提供ビジョン」を参考に筆者作成。

いを共に創り，高め合うことができる『地域共生社会』を実現する」ことが盛り込まれました。

2　地域共生社会の実現に向けた改革

　厚生労働省では「『地域共生社会』の実現に向けて（当面の改革工程）[(6)]」（平成29年2月7日厚生労働省「我が事・丸ごと」地域共生社会実現本部決定）に基づいて，図13-1のように，改革の背景と方向性として，①公的支援の「縦割り」から「丸ごと」へ，②「我が事」・「丸ごと」の地域づくりを育む仕組みへの転換があげられ，改革の骨格として，①地域課題の解決力の強化，②地域を基盤とする包括的支援の強化，③地域丸ごとのつながりの強化，④専門人材の機能強化・最大活用があげられ，介護保険法や社会福祉法等の法改正も進んでいます。また，実施を希望する市町村による任意事業ではありますが，「属性を問わない相談支援」「参加支援」「地域づくりに向けた支援」を一体的に実施する重層的支援体制整備事業が2021（令和3）年4月からスタートしています。

---

(6)　平成29年2月7日厚生労働省「我が事・丸ごと」地域共生社会実現本部決定「『地域共生社会』の実現に向けて（当面の改革工程）」（https://www.mhlw.go.jp/file/04-Houdouhappyou-12601000-Seisakutoukatsukan-Sanjikanshitsu_Shakaihoshoutantou/0000150632.pdf　2023年9月1日閲覧）。

「地域共生社会」とは

◆ 制度・分野ごとの『縦割り』や「支え手」「受け手」という関係を超えて，地域住民や地域の多様な主体が『我が事』として参画し，人と人，人と資源が世代や分野を超えて『丸ごと』つながることで，住民一人ひとりの暮らしと生きがい，地域をともに創っていく社会

改革の背景と方向性

公的支援の『縦割り』から『丸ごと』への転換

○個人や世帯の抱える複合的課題などへの包括的な支援
○人口減少に対応する，分野をまたがる総合的サービス提供の支援

『我が事』・『丸ごと』の地域づくりを育む仕組みへの転換

○住民の主体的な支え合いを育み，暮らしに安心感と生きがいを生み出す
○地域の資源を活かし，暮らしと地域社会に豊かさを生み出す

改革の骨格

地域課題の解決力の強化

• 住民相互の支え合い機能を強化，公的支援と協働して，地域課題の解決を試みる体制を整備【29年制度改正】
• 複合課題に対応する包括的相談支援体制の構築【29年制度改正】
• 地域福祉計画の充実【29年制度改正】

地域を基盤とする包括的支援の強化

• 地域包括ケアの理念の普遍化：高齢者だけでなく，生活上の困難を抱える方への包括的支援体制の構築
• 共生型サービスの創設【29年制度改正・30年報酬改定】
• 市町村の地域保健の推進機能の強化，保健福祉横断的な包括的支援のあり方の検討

「地域共生社会」の実現

• 多様な担い手の育成・参画，民間資金活用の推進，多様な就労・社会参加の場の整備
• 社会保障の枠を超え，地域資源（耕作放棄地，環境保全など）と丸ごとつながることで地域に「循環」を生み出す，先進的取組を支援

• 対人支援を行う専門資格に共通の基礎課程創設の検討
• 福祉系国家資格を持つ場合の保育士養成課程・試験科目の一部免除の検討

地域丸ごとのつながりの強化

専門人材の機能強化・最大活用

実現に向けた工程

平成29(2017)年：
介護保険法・社会福祉法等の改正
◆市町村による包括的支援体制の制度化
◆共生型サービスの創設　など

平成30(2018)年：
◆介護・障害報酬改定：共生型サービスの評価など
◆生活困窮者自立支援制度の強化

平成31(2019)年以降：更なる制度見直し

2020年代初頭：全面展開

【検討課題】
①地域課題の解決力強化のための体制の全国的な整備のための支援方策（制度のあり方を含む）
②保健福祉行政横断的な包括的支援のあり方　③共通基礎課程の創設　等

図13−1　「地域共生社会」の実現に向けて（当面の改革工程）（概要）

出所：平成29年2月7日厚生労働省「我が事・丸ごと」地域共生社会実現本部決定「『地域共生社会』の実現に向けて（当面の改革工程）」（https://www.mhlw.go.jp/file/04-Houdouhappyou-12601000-Seisakutoukatsukan-Sanjikanshitsu_Shakaihoshoutantou/0000150632.pdf　2023年9月1日閲覧）。

3　少子化対策と子育て支援の総合施策

　子ども・子育てを取り巻く環境もまた多様化・複雑化が進んでおり，多職種連携による支援の強化が必要になっています。

遊び場・遊ぶ相手の減少

食生活の多様化
（孤食等）

子ども自身の現状と課題
○自尊意識の低下
○コミュニケーション能力の低下
○体力，運動能力の低下
○生活習慣や食生活の乱れ
○発達の課題　など

子どものいる家庭の現状と課題
○家族形態の変化
○近隣住民との希薄化
○家庭能力の低下
○貧困
○虐待・DV　など

学校以外での集団生活・
社会生活の希薄化

情報の氾濫

モラルの低下

図13−2　子どもを取り巻く環境

出所：筆者作成。

① 子どもを取り巻く環境

　図13−2のように，子ども自身の現状と課題だけでなく，子どものいる家庭の現状と課題や，子どもや家庭を取り巻く環境による課題は多数あります。子ども自身の現状と課題としては，自尊意識，コミュニケーション能力の低下，生活習慣や食生活の乱れ，発達の課題があり，子どものいる家庭の現状と課題としては，家族形態の変化，近隣住民との希薄化，家庭能力の低下，貧困，虐待・DVがあります。その他，子どもや家庭を取り巻く環境の課題としては，遊び場・遊ぶ相手の減少，食生活の多様化，学校以外での集団生活，社会生活の希薄化，インターネット等による情報の氾濫，モラルの低下があります。

　また，厚生労働省の報告によると2022（令和4）年の出生数77万747人とはじめて80万人を切っており，合計特殊出生率は1.26で過去最低となっています。[7]
さらに，2022（令和4）年度に，全国の児童相談所が対応した児童虐待相談は速報値で21万9170件と過去最多を更新している状況です。少子化が進む中で，

───────────────

(7)　厚生労働省（2023）「令和4年（2022）人口動態統計月報年計（概数）の概況」（https://www.mhlw. go.jp/toukei/saikin/hw/jinkou/geppo/nengai22/dl/gaikyouR4.pdf　2023年9月1日閲覧）。

児童虐待などの重篤なケースも後を絶たない状況が続いています。児童虐待を疑うケースには，複雑な課題を抱えているケースが多く，多職種連携による支援が必要となっています。

❷　子育て支援の総合施策

　これまで，1990（平成2）年の「1.57ショック」から，国は様々な少子化対策を実施してきましたが，少子化は解消していません。また，子どもと家庭の状況も多様化・複雑化しています。2016（平成28）年の児童福祉法改正では，市町村に対して，**子育て世代包括支援センター，市区町村子ども家庭総合支援拠点の設置**や整備が努力義務として求められ，2022（令和4）年の児童福祉法改正では，子育て世代包括支援センターと市区町村子ども家庭総合支援拠点を一本化した「**こども家庭センター**」，身近な相談窓口として保育所等や地域子育て支援拠点事業などが対象となる「**地域子育て相談機関**」の設置や整備が市町村に努力義務として求められています。

　この状況を受けて，子どもと家庭の支援を一本化するために2022（令和4）年6月「こども家庭庁設置法」が成立，2023（令和5）年4月から「**こども家庭庁**」がスタートすると同時に，子どもや若者に関する取り組みを進めるときにはこどもや若者の意見を聞くことが決められている「**こども基本法**」が施行されました。2023（令和5）年9月には，異次元の少子化対策として，「こども未来戦略方針⁽⁸⁾」が発表され，基本理念として，①若い世代の所得を増やす，②社会全体の構造・意識を変える，③すべてのこども・子育て世帯を切れ目なく支援するという3つがあげられました。

　地域共生社会の取り組みから考えると，子ども・子育て分野はひとつの分野であるものの，多様かつ複雑化している状況に対応した施策の整備や設置が進んでいます。子ども自身だけでなく子どもの家族の支援に関しては，子ども・

---

(8)　内閣官房こども未来戦略会議（2023）「令和5年6月13日閣議決定『こども未来戦略方針』〜次元の異なる少子化対策の実現のための『こども未来戦略』の策定に向けて〜」（https://www.cas.go.jp/jp/seisaku/kodomo_mirai/pdf/kakugikettei_20230613.pdf　2023年9月1日閲覧）。

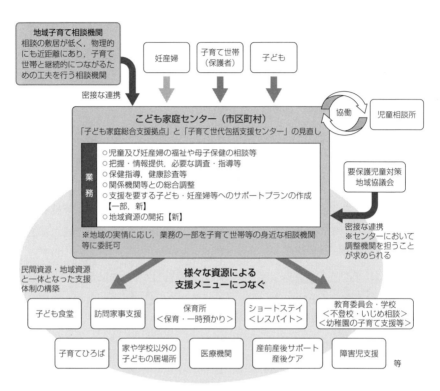

図13-3　改正児童福祉法による子育て施策

出所：厚生労働省子ども家庭局（2022）「改正児童福祉法について（第一部）」(https://www.mhlw.
go.jp/content/000994207.pdf　2023年9月1日閲覧)。

子育て分野以外での分野との専門職連携も必要であり，また，子どもがより育
ちやすい環境を作っていくためには地域とのつながりも必要です。地域共生社
会の取り組みからも子育て総合施策について考えていくことが大切です。

　保育者の役割としては，どのようなものが考えられるでしょうか。厚生労働
省の調査では，保護者が保育所等に困り事について相談するきっかけは，クラ
ス担任をはじめとする保育士等との日常的なやりとりが多いことが明らかにな

(9) 厚生労働省（2022）「『保育所等における保育実践の充実に関する調査』保育所等における子育て支援
　の在り方に関する研究会報告書」(https://www.mhlw.go.jp/content/11900000/000941443.pdf　2023年
　9月1日閲覧)。

っており，保育所等における保護者の相談相手は 6 割以上がクラス担任の保育士等となっています。保育者は，子ども自身に関する相談を受けているうちに保護者自身や家庭内のことについても相談を受けることもあるので，子育て支援の総合施策だけでなく，地域共生社会についての理解も必要です。

復習課題

予習で書き出した「地域共生社会」のイメージと実際は違っていたでしょうか。学んだ内容をまとめつつ，違っていた部分や同じだった部分を考えて書き出してみましょう。

ワークシート 身近な市町村の基本情報や福祉・子育て支援制度についてまとめて
みましょう。

① 都道府県と市町村名を記入
② 基本情報には，人口，高齢化率，合計特殊出生率，地域の特徴を記入
　【例】海が近く漁業が発展している地域，交通の便が悪い等
　　　　（地域の強み，弱みを考えてみてください）
③ 福祉制度，子育て支援制度は，どのような制度があり，活用するための窓口は
　どこにあるのかを具体的に記入
　【例】福祉の総合窓口があり，市役所○階の○○課で相談できる，
　　　　市役所○階にこども家庭センターが開設されている等

都道府県名	市町村名
基本情報	

福祉制度	子育て支援制度

第 **14** 章

インクルーシブ社会の実現

予習課題

インクルーシブ教育，インクルーシブ保育という言葉の意味を，用語辞典や参考書などを用いて調べましょう。また，書籍名・出版社名・ページも記入しておきましょう。

① インクルーシブ教育（書籍名：＿＿＿＿＿＿＿ 出版社名：＿＿＿＿＿，＿＿＿頁）

＿＿＿＿＿＿＿＿＿＿＿＿＿＿＿＿＿＿＿＿＿＿＿＿＿＿＿＿＿＿＿＿＿＿＿＿

＿＿＿＿＿＿＿＿＿＿＿＿＿＿＿＿＿＿＿＿＿＿＿＿＿＿＿＿＿＿＿＿＿＿＿＿

② インクルーシブ保育（書籍名：＿＿＿＿＿＿＿ 出版社名：＿＿＿＿＿，＿＿＿頁）

＿＿＿＿＿＿＿＿＿＿＿＿＿＿＿＿＿＿＿＿＿＿＿＿＿＿＿＿＿＿＿＿＿＿＿＿

＿＿＿＿＿＿＿＿＿＿＿＿＿＿＿＿＿＿＿＿＿＿＿＿＿＿＿＿＿＿＿＿＿＿＿＿

1　インクルージョン（共生）とは

　日本では長期間にわたり，障害児と健常児を別々の教育施設や保育施設に通学・通園させるという「**セグリゲーション**（segregation：隔離）」による教育や保育が推進され，その後「**インテグレーション**（integration：統合）」による教育や保育に移行していきました。インテグレーションは「同じ敷地内や建物内に健常児と障害児が通えるようにする」という意味では画期的な方策でしたが，実際には「健常児と障害児が一部分だけ一緒に教育や保育を受け，交流を持つ形」という "単なる場所の統合" "一部時間の共有" でしかありませんでした。近年，健常児と障害児の区別なく同じ場所（教室や保育室）で教育や保育の内容や時間を共有するという「**インクルージョン**（inclusion：共生）」による教育や保育の理念が浸透してきました（表14－1）⁽¹⁾。

　その中で，ライフステージごとで「支援や配慮の内容」がうまく移行・接続していくように「**切れ目のない支援**」が重視され，障害児・者を支援・援助する機関・施設・事業所等が相互連携を図ることが求められています。さらには，医療・教育・保育・福祉などの領域ごとの縦割りではない「**隙間のない支援**」が重視され，専門職が相互連携を推進して，「支援や配慮の共通認識」を高めるために，サービス担当者会議を定期的に開催したり，共通書式を用いて計画書を作成したりしています。2023（令和5）年4月に設置された「こども家庭庁」では，障害のある乳幼児や児童生徒に対する支援も一元化され，より包括的で総合的な観点から「切れ目のない支援や配慮」「隙間のない支援や配慮」が推進されるものと期待されています⁽²⁾。

（1）立花直樹・波田埜英治（2017）「保育所・幼稚園における特別支援と特別な配慮が必要な児童と保護者への相談援助」『聖和短期大学紀要』3，33頁。

（2）立花直樹（2023）「障害児の特別支援教育・保育・福祉の概観」立花直樹・中村明美・松井剛太・井上和久・河﨑美香編著『特別支援教育と障害児の保育・福祉——切れ目や隙間のない支援と配慮』ミネルヴァ書房，9～10頁。

表14-1　セグリゲーション・インテグレーション・インクルージョンによる教育や保育

セグリゲーション（segregation：隔離） □（大多数の児童）≠△（特別ニーズの児童）＝□：△（別々の場所で） 　能力主義的な教育政策の振興を目的とした効率的な人材育成のため，教育施設や保育施設では大多数の児童中心のプログラムやカリキュラムを行うため，特別なニーズのある児童は別の場で教育や保育を受ける必要がある
インテグレーション（integration：統合） 　□（大多数の児童）＋△（特別ニーズの児童）＝□'（健常児中心の） 　特別なニーズのある児童を小学校や幼稚園・保育所等で受け入れるが，一部の内容と時間を通常学級や保育室等で受けることが基本で，分離された特別支援学級や特別保育室で個別の教育や保育を受ける状況がある
インクルージョン（inclusion：共生） □（大多数の児童）＋△（特別ニーズの児童）＝◇（誰もが共存できる） 　特別なニーズのある児童も，小学校や幼稚園・保育所等の通常学級や保育室等で，他の児童と同じ内容の教育や保育を受けることができる状況であり，誰もが共存・参加できる合理的配慮がある

出所：筆者作成。

2　教育や保育の現場を取り巻く現状と課題

❶　児童数の減少と障害児・者数の増加

　日本の人口は2010（平成22）年の1億2806万人をピークに年々減少の一途を辿っており，2023（令和5）年8月現在，1億2445万人で，2022（令和4）年9月と比して52万人減少しています。また，総務省は，外国人を含む15歳未満の男女は前年より30万人少ない1435万人で，1982（昭和57）年から42年連続で減少，総人口に占める割合も11.5％で1975（昭和50）年から49年連続の低下となり，児童の数は年々減少していることを発表しました。一方で，身体障害児・者，知的障害児・者，精神障害児・者の各施設への入院・入所者数は減少傾向

（3）　総務省統計局（2023）「人口推計（令和5年（2023年）4月確定値，令和5年（2023年）9月概算値）」（https://www.stat.go.jp/data/jinsui/new.html　2023年8月31日閲覧）。
（4）　榊原一生（2023）「子ども，42年連続減 最少の1435万人 全都道府県で前年より減」（2023年5月4日朝日新聞デジタル）（https://www.asahi.com/articles/ASR545Q4NR4XULFA02C.html　2023年8月31日閲覧）。

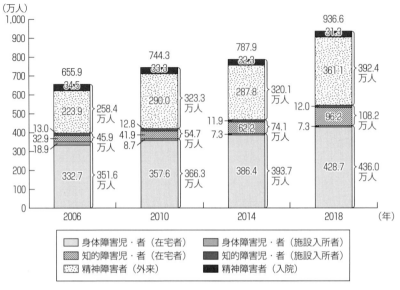

図14-1　障害児・者数の推移

出所：厚生労働省（2019）『平成30年版厚生労働白書』日経印刷，4頁。

にありますが，在宅生活をする各障害児・者数が大幅に増加しており，各種障害児・者の総数は年々増加しています[5]（図14-1）。

　内閣府（2023）は，日本全国で身体障害児・者436.0万人（内訳：18歳未満7.2万人，18歳以上419.5万人，年齢不詳9.3万人），知的障害児・者109.4万人（内訳：18歳未満22.5万人，18歳以上85.1万人，年齢不詳1.8万人），精神障害児・者614.8万人（内訳：20歳未満59.9万人，20歳以上554.6万人，年齢不詳0.3万）が在宅や施設で生活していることを示しています[6]（表14-2）。在宅で生活している身体障害児が6.8万人（男性3.2万人，女性3.4万人，不詳0.1万人），知的障害児が21.4万人（男性14.0万人，女性7.3万人，不詳0.1万人），精神障害児（20歳未満）が59.5万人（男性38.1万人，女性21.5万人）と，施設や病院で生活する障害児・者よりも圧倒的に多くなっています。ますます共に生活できる地域社会の構築が求められて

────────────

(5)　厚生労働省（2019）『平成30年版厚生労働白書』日経印刷，4頁。

(6)　内閣府（2023）『令和5年版障害者白書』勝美印刷，220頁。

表14－2　種別ごとの障害児・者数

（単位：万人）

		総　数	在宅者数	施設入所者数
身体障害児・者	18歳未満	7.2	6.8	0.4
	男性	—	3.2	—
	女性	—	3.4	—
	不詳	—	0.1	—
	18歳以上	419.5	412.5	7.0
	男性	—	215.8	—
	女性	—	196.3	—
	不詳	—	0.3	—
	年齢不詳	9.3	9.3	—
	男性	—	2.9	—
	女性	—	5.4	—
	不詳	—	1.0	—
	総計	436.0	428.7	7.3
	男性	—	222.0	—
	女性	—	205.2	—
	不詳	—	1.5	—
知的障害児・者	18歳未満	22.5	21.4	1.1
	男性	—	14.0	—
	女性	—	7.3	—
	不詳	—	0.1	—
	18歳以上	85.1	72.9	12.2
	男性	—	44.1	—
	女性	—	28.8	—
	不詳	—	0.1	—
	年齢不詳	1.8	1.8	—
	男性	—	0.6	—
	女性	—	0.6	—
	不詳	—	0.5	—
	総計	109.4	96.2	13.2
	男性	—	58.7	—
	女性	—	36.8	—
	不詳	—	0.8	—

		総　数	外来患者	入院患者
精神障害児・者	20歳未満	59.9	59.5	0.4
	男性	38.3	38.1	0.2
	女性	21.7	21.5	0.2
	20歳以上	554.6	526.3	28.4
	男性	225.9	213.0	12.9
	女性	328.6	313.2	15.4
	年齢不詳	0.3	0.3	0.0
	男性	0.1	0.1	0.0
	女性	0.2	0.2	0.0
	総計	614.8	586.1	28.8
	男性	264.3	251.2	13.1
	女性	350.5	334.8	15.7

出所：内閣府（2023）『令和5年版障害者白書』勝美印刷，220頁。

います。

　つまり，今後児童の数が減少し定員確保が難しい状況が予測される中で，安定的経営のため地域の保育施設（幼稚園，保育所，認定こども園，小規模保育事業所など）を利用する障害児が増加する可能性が高く，各園における障害児保育や特別支援教育へのニーズがますます高まる状況を考えれば，各園で真摯に「障害児の受け入れ」「障害児保育の実践」「インクルーシブ保育の展開」などについて検討することが求められています。

② 障害児・者数の増加原因と障害のとらえ方

　障害児・者の中でも，特に知的障害，精神障害，発達障害が世界的に増加しています。様々な研究から，①親の喫煙，②親のドラッグ使用，③親の薬物依存，④親の飲酒，⑤遺伝性疾患，⑥母体の疾患，⑦母体の栄養不足，⑧経年の水質汚染による影響，⑨経年の土壌汚染による影響，⑩経年の食物汚染（添加物，化学物質），⑪経年の空気汚染による影響，⑫経年の電磁波による影響（電機製品，携帯），⑬メディア（スマートフォンやテレビ等）の視聴機会の増加＝会話や読み書きの時間減少，⑭生活リズムの乱れによる睡眠の質の低下（夜型生活，昼夜逆転など），⑮出産時の事故や状態，⑯親の高齢化など，様々な要因が絡み合って増加しているといわれ[7]，今後も都市型生活が蔓延していけば，障害児・者がますます増加していくと考えられます。また，**NICU**（Neonatal Intensive Care Unit：新生児集中治療室），**GCU**（Growing Care Unit：新生児回復室）などの医療技術や医療機器の進歩・革新により，かつて助からなかった命も助かるケースも出てきており，このことが医療的ケア児の増加につながっているといわれています。

　障害とは，医学が定めた検査基準に従って，基準以上であれば障害認定され，基準以下であれば障害認定はされません。たとえば，視覚障害で最も軽度な障害認定は6級です。視覚障害6級は「視力の良い方の眼の視力が0.3以上0.6以

---

(7) 立花直樹（2023）『2023年度保育士等キャリアアップ研修テキスト（障害児保育）』関西学院聖和短期大学，7頁。

下かつ他方の眼の視力が0.02以下のものである」と規定されています[8]。もし，良い方の眼の視力が0.7であったり，良くない方の眼の視力が0.03であったりすれば障害認定はされません。わずか0.1や0.01の視力の差にどれだけの違いがあるかといわれれば，ほとんど変わりはないといえますが，医学が決めた基準を超えたか超えていないかで障害は認定されることになります。この基準を近年増加している，知的障害・精神障害・発達障害に当てはめて考えれば，障害認定基準に該当している児童や成人（要支援対象）が増加しているだけでなく，一般的にパステルゾーンやボーダーといわれるギリギリ障害認定基準に該当していない児童や成人（要配慮対象）も増加しているといえます。

③　重度障害児に対する教育や保育について

　全国保育協議会によれば，2011（平成23）年に障害児保育を実施している保育所は74.8％でしたが，2016（平成28）年には76.6％と増加してきました。ただ，新型コロナウイルスの感染拡大等の影響により，2021（令和3）年も障害児保育を実施している保育所は76.6％と伸び悩んでいます[9]。そのうち，重度障害のある医療的ケア児を受け入れている保育所は，わずか5％のみでした[10]（図14-2）。つまり，障害児を受け入れている園の多くが軽度の障害児をその対象としており，重度障害のある児童は幼稚園・保育所・認定こども園では，「バリアフリーではない」「保育者に知識や技術がない」「保育者が不足している」「看護職員の確保ができない」等の理由で，受け入れられにくい状況があります。しかし，保育士自身が作成し自らの役割や責務を社会に宣言している「全国保育士会倫理綱領」（本書巻末参照）では「すべての子どもの最善の利益を尊重し，現在（いま）を幸せに生活し，未来（あす）を生きる力を育てること」

---

(8)　厚生労働省（2022）「身体障害者障害程度等級表」(https://www.mhlw.go.jp/stf/seisakunitsuite/bunya/hukushi_kaigo/shougaishahukushi/shougaishatechou/index.html　2023年8月31日閲覧)。

(9)　全国保育協議会（2022）「会員の実態調査報告書2021（令和4年7月）」75頁。

(10)　(9)と同じ，104頁。

(11)　全国保育協議会・全国保育士会・全国社会福祉協議会（2003）「全国保育士会倫理綱領」。

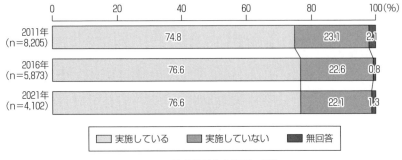

図14-2　障害児保育実施園の推移

出所：全国保育協議会（2022）「会員の実態調査報告書2021（令和4年7月）」75頁。

を保障しています。[11]「障害児を除く」とは，どこにも記載されていないにもかかわらず，これまで多くの保育所・幼稚園・認定こども園では，入園拒否が行われてきました。現在でも，多くの園で重度障害のある乳幼児の入園受け入れが行われていないことは残念な状況です。

3　インクルーシブな教育・保育とは何か

1　インクルーシブな教育

　文部科学省は，2014（平成26）年に日本政府が批准した「**障害者の権利に関する条約**」（2006年に国連で採択）の第24条をもとに，「**インクルーシブ教育システム**（inclusive education system，署名時仮訳：**包容する教育制度**）」を「人間の多様性の尊重等の強化，障害者が精神的及び身体的な能力等を可能な最大限度まで発達させ，自由な社会に効果的に参加することを可能とするとの目的の下，障害のある者と障害のない者が共に学ぶ仕組みであり，障害のある者が『general education system（署名時仮訳：教育制度一般）』から排除されないこと，自己の生活する地域において初等中等教育の機会が与えられること，個人に必要な『合理的配慮』が提供される等が必要とされている」[12]と定義しています。

表14-3　教育場面や保育場面における合理的配慮の具体例

① 聴覚過敏性の児童の為に，机・いすの脚に緩衝材を付けて雑音を軽減する
② 視覚情報処理が苦手な児童の為に，白板や黒板の周りの掲示物や情報量を減らす
③ 文字認識が難しい児童のために，シンボルマークや写真カードを活用する
④ 意思疎通を促進するために，絵カードやPECS等を用いて，構造化する
⑤ 障害ある児童に合わせた時間調整（休憩や活動時間の設定）等，ルールやプログラムを柔軟にする　　　　　　　　　　　　　　　　　　　　　　　　etc.

出所：内閣府（2023）「合理的配慮等具体例データ集──合理的配慮サーチ（令和5年4月）」。

　また，障害者権利条約第2条で，合理的配慮は「障害者が他の者との平等を基礎として全ての人権及び基本的自由を享有し，又は行使することを確保するための必要かつ適当な変更及び調整であって，特定の場合において必要とされるものであり，かつ，均衡を失した又は過度の負担を課さないもの」と定義されています。[13]

　つまり，サービス提供側に経済的・時間的・労力的な過度の負担がなければ配慮を行うことが必要ということです。合理的配慮の例を明示します（表14-3）。[14]

　合理的配慮は，障害のある児童だけにとどまるものではありません。ギリギリ障害のないとされる児童の増加に鑑みれば，合理的配慮はすべての児童が過ごしやすい時間や場所，カリキュラムやプログラムの提供につながっていきます。

２　インクルーシブな保育

　厚生労働省では，「**インクルーシブ保育**」に関する定義を明らかにしていないため，これまでの研究の中で定義されているものを紹介します。

---

[12]　文部科学省（2012）「共生社会の形成に向けたインクルーシブ教育システム構築のための特別支援教育の推進（報告）」（https://www.mext.go.jp/b_menu/shingi/chukyo/chukyo3/044/attach/1321668.htm　2023年8月31日閲覧）。

[13]　外務省（2023）「障害者の権利に関する条約（略称：障害者権利条約）」（https://www.mofa.go.jp/mofaj/gaiko/jinken/index_shogaisha.html　2023年8月31日閲覧）。

[14]　内閣府（2023）「合理的配慮等具体例データ集──合理的配慮サーチ（令和5年4月）」（https://www8.cao.go.jp/shougai/suishin/jirei/　2023年8月31日閲覧）。

飯村らは，インクルーシブ保育を「障がいの有無に関わらず，全ての子ども
が一緒に保育を受け，その環境や関わりにおいて，子どもを分け隔てなく包み
込む（include）状態での保育」と定義し，芦澤は「インクルーシブ保育は今ま
での保育を見直し，障害のある子もない子も，共に自分らしく生き生きと生活
できるように新たな保育環境を作っていくこと」と定義しています。

　しかし，1994（平成6）年にスペインのサマランカ市に92か国以上の代表が
集まって採択された「サラマンカ声明（宣言）」により，「インクルージョンの
理念と実践」が世界的な原則として広がっていく端緒となりました。サマラン
カ声明では，障害のある児童に対するインクルーシブ教育が起点となっていま
すが，障害のみにとどまらず「特別なニーズ」のある児童への適切な支援や対
応の重要性を述べています。

　太田・河合は，「統合保育とは障害のある子もない子もともに同じ場で体験
や活動をするが，インクルーシブ保育は個人差や多様性を認めることから始ま
り，どの子も大切な存在として一人ひとりが伸びやかに育つ保育，子ども同士
が育ち合う保育を目指し，いろいろな子どもがいることを前提とした保育」と
定義し，山本は「クラスから特別なニーズを持つ子どもを排除しない教育・保
育」と定義しています。

　つまり，インクルーシブ教育や保育とは，特別なニーズを有する児童が，必
要な合理的配慮や適切な支援を受けることが保障された状態といえるでしょう。

4　特別なニーズから概観するインクルーシブ社会

　特別なニーズが「障害の有無」だけに限定しないのであれば，他にどのよう

⒂　飯村敦子・小林芳文・竹内麗子・吉村喜久子（2011）「障害乳幼児と家族への支援に活かすムーブメ
　ント教育の実践分析に関する研究」『保育科学研究』2，116～124頁。

⒃　芦澤清音（2011）『発達障がい児の保育とインクルージョン──個別支援から共に育つ保育へ』大月
　書店，10～40頁。

⒄　国立特別支援教育総合研究所（2012）「サラマンカ声明」（https://www.nise.go.jp/blog/2000/05/b1_
　h060600_01.html　2023年8月31日閲覧）。

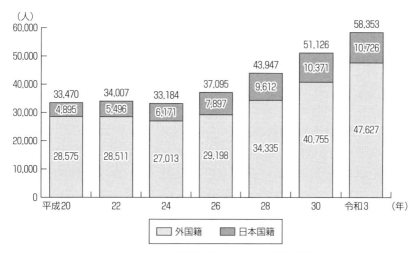

図14-3　日本語指導が必要な児童生徒数の推移

出所：文部科学省（2022）「日本語指導が必要な児童生徒の受入状況等に関する調査」。

なものがあるのでしょうか。保育所保育指針や幼稚園教育要領，認定こども園教育・保育要領からは「発達課題」「疾患（病気）」「外国籍」といった言葉が浮き上がってきますし，さらに日本国憲法第14条に照らし合わせれば「人種」「性別」「信条（思想や宗教）」「社会的身分」「門地（出身地や居住地）」等があげられます。これらをもとにした分離や受入れ拒否による差別や偏見を認めないだけでなく，合理的配慮が認められることが必要です。

　文部科学省によると，公立小・中・高等学校，義務教育学校，中等教育学校，特別支援学校における日本語指導が必要な児童生徒の受入が年々増加していることが明らかになっており，外国籍のみならず日本国籍の児童でも日本語指導の必要な児童が増加しています[20]（図14-3）。

⒅　小山望・太田俊己・加藤和成・河合高鋭（2013）『インクルーシブ保育っていいね――一人ひとりが大切にされる保育をめざして』福村出版，116～124頁。

⒆　山本理絵（2011）「気になる幼児の発達を促す保育方法論」小川英彦ほか編『気になる幼児の保育と遊び・生活づくり』黎明書房，18頁。

⒇　文部科学省（2022）「日本語指導が必要な児童生徒の受入状況等に関する調査」（https://www.mext.go.jp/b_menu/houdou/31/09/1421569_00004.htm　2023年8月31日閲覧）。

日本人の人口減少に伴い，社会全体に慢性的な人手不足が生じ始めており，社会の機能を維持していくためには在留外国人に労働を代替してもらう状況が増加しているからです。事実，子どもを含めた家族で来日するケース，在留外国人同士や在留外国人と日本人が結婚し子どもを出産するケースなどが増加しているため，日本語指導が必要な子どもが増加している状況があります。

　インクルーシブな教育実践をしている教育施設では，アレルギー食のみならず，所属する児童の国や地域に配慮した食事（例：ハラル食，ビーガン食など）の提供や選択を認めており，文化や習慣への配慮から，朝の挨拶の際に「おはようございます，グッドモーニング（英語），アニョハセヨ（韓国），ニーザオ（中国語），ブエノス・ディアス（スペイン語）……」などの多言語を互いに伝え合うなど，互いに配慮と理解を深める取り組みをしています。また，知的障害や発達障害があっても困らないよう，トイレや更衣室を文字だけの表記ではなくシンボルマーク（多くの人々が共通で認識しているマーク）やピクトグラム（pictogram：グラフィック・シンボル）等を併せて表示している施設も増えています。さらには，SOGI（Sexual Orientation and Gender Identity：ソジ）や障害等への配慮から多目的トイレを設置している教育施設や保育施設も増加しています。

　配慮が互いにある関係（隙間のない関係）を築いていけば「人種」「性別」「信条」「社会的身分」「門地」等による分断を避けることができ，差別や偏見という心の壁のない状況（切れ目のない状況）を実感し，誰もが互いに多様な個性と権利を尊重し認め合える社会（**インクルーシブ社会**）を構築できるのではないかと思います。

＊本章は，立花直樹（2024）「保育現場におけるインクルーシブサポートの現状と課題」『聖和短期大学紀要』10に加筆・修正したものである。

復習課題

インクルーシブ教育またはインクルーシブ保育のために，あなた自身が実践してみ
ようという内容を考えましょう。

ワークシート　価値交流シート（インクルーシブ）に取り組んでみましょう。

① あなたがインクルーシブな教育や保育を実践する際に重視したい事項は何でしょうか。

② まず「自らの順位」欄のすぐ右側の空白に，重視したい順番に，【1】から【7】の数字を記入してください。

③ 次に4〜6人程度のグループに分かれ，メンバーの「氏名」と「順位」を書き写してください。

④ さあ，戦いの始まりです。皆さんの知恵と情熱を駆使して，相手を納得させましょう‼ 絶対に相手の意見に妥協することなく，自分の意見を貫いてください（相手の意見に納得した場合を除きます）。絶対に，多数決は禁物です。

⑤ 意見が出尽くしたら，メンバーで相談し，全員が納得のうえ，グループ全体の優先順位を決め，「グループ順位」欄に順位を記入してください。

	a 建物や設備をバリアフリーに	b 職員を増やし個別支援を可能に	c 全職員の知識・技術を向上させる	d 誰もが参加可能なプログラムに	e 多様な文化・言語を保育に活用	f 人権や個性を尊重する取組み	g 児童の主体性・思いを重視する
自らの順位							
さんの順位							
さんの順位							
さんの順位							
さんの順位							
さんの順位							
グループ順位							

第 **15** 章

各国の先進的かつ持続可能な実践と視点

....

予習課題

「SDGs」でインターネット検索を行い，どのような目標が掲げられているか調べ
てみましょう。

1　私たちの身近にある持続可能な実践

　本章のタイトルにある「**持続可能（sustainable）**」という言葉は，私たちの生活から遠い世界の話であって，難しいと感じるかもしれません。しかしながら，私たちが生活している様々な場面で，「持続可能」な取り組みが行われています。たとえば，スターバックスコーヒージャパン株式会社では，2018（平成30）年7月に，2020（令和2）年末までに全世界のスターバックス店舗で使い捨てのプラスチック製のストローを全廃し，紙製ストローでの提供を開始しました。このような持続可能な取り組みは，なぜ行われるようになったのでしょうか。2016（平成28）年1月に世界経済フォーラム（ダボス会議）が発表した「海洋ごみに関する報告書」によれば，毎年約800万トンのプラスチックが海洋に流出しており，このまま対策がとられなければ，2050年までに海洋中のプラスチックごみが魚の重量を上回ってしまうという予想を立てています。スターバックス社の取り組みは，プラスチックごみを海に放出しないことで，私たちが地球で生活し続けることを目指した取り組みであるといえます。

　もちろん，プラスチックごみだけの問題ではなく，世界では，貧困や人種差別などの問題にも直面しています。このような地球規模の問題を解決するために，「誰一人取り残されない（No one will be left behind）」という共通理念の下，国際連合の加盟国が2030年までに達成するように定めた国際目標が，「**SDGs（Sustainable Development Goals：持続可能な開発目標）**」です。SDGs は，表15-1で書かれている17の目標で構成されています。

　SDGs は子どもに関連する多くの課題が含まれています。ユニセフ（国連児童基金：UNICEF）によれば，以下のように整理されています。

---

(1)　スターバックスコーヒージャパン株式会社「スターバックス国内店舗で，サステナブルな未来につながる FSC® 認証紙ストローでの提供を開始」（https://www.starbucks.co.jp/press_release/pr2020-3248.php　2023年9月1日閲覧）。

表15 - 1　SDGs の17の目標

①	貧困をなくそう	⑩	人や国の不平等をなくそう
②	飢餓をゼロに	⑪	住み続けられるまちづくりを
③	すべての人に健康と福祉を	⑫	つくる責任　つかう責任
④	質の高い教育をみんなに	⑬	気候変動に具体的な対策を
⑤	ジェンダー平等を実現しよう	⑭	海の豊かさを守ろう
⑥	安全な水とトイレを世界中に	⑮	陸の豊かさも守ろう
⑦	エネルギーをみんなに。そしてクリーンに	⑯	平和と公正をすべての人に
⑧	働きがいも経済成長も	⑰	パートナーシップで目標を達成しよう
⑨	産業と技術革新の基盤をつくろう		

出所：国際連合広報センター「SDGs のポスター・ロゴ・アイコンおよびガイドライン」(https://www.unic.or.jp/activities/economic_social_development/sustainable_development/2030agenda/sdgs_logo/　2023年9月23日閲覧)。

○不平等，格差をなくすための目標

　目標1（貧困の撲滅），2（飢餓の撲滅），3（健康），4（教育），5（ジェンダーの平等），6（安全な水と衛生），8（人にふさわしい雇用）は，"すべての子ども（人）""あらゆる場所"と謳い，これらの課題において不平等・格差をなくしていくことを目指しています。さらに，目標10は，国内および国家間の不平等の削減そのものを掲げています。

○すべての子どもを暴力・虐待から守るための目標

　目標16は，平和で誰もが受け入れられる社会の実現を掲げています。目標16の下に子どもに対するあらゆる形態の暴力の撤廃，すべての人への出生登録の提供，目標5の下に女子に対する暴力や児童婚の撤廃，目標8の下に児童労働の撤廃が含まれるなど，SDGs には様々な子どもの保護の課題が含められています。

○子どもたちに持続可能な環境を残すための目標

　目標13（気候変動への対応），14（海洋資源の保存），15（地球環境の保護）が地球環境に関する目標であり，また，目標7（持続可能なエネルギー），11（安全なま

---

(2)　UNICEF「子どもにとっての SDGs」(https://www.unicef.or.jp/sdgs/children.html　2023年9月3日閲覧)。

ち），12（責任ある消費・生産）等にも，人々の生活の豊かさが自然と調和する社会・経済のあり方が掲げられています。

　これまでの話をまとめると，「持続可能」とは，①これからも私たちがよりよく生活でき，かつ，これを保育現場に引き寄せると②保育現場で向き合う子どもたちが将来よりよく生活できることを目指す言葉です。では，幼児教育に携わる私たちは，「持続可能」な実践を，どのように構想すればよいのでしょうか。次に，カリキュラム研究の成果から，保育現場で持続可能な実践を行う際の視点を考えてみます。

2　保育現場で持続可能な実践を行う際の視点

　ここでは，みなさんが保育者となり，子どもたちへの保育を行う際，何ができるのか・できそうなのかを考えてみましょう。そのためには，保育現場で持続可能な実践を行う際に，幼児教育の教育方法に関わる基本的な考え方やカリキュラムの枠組みを確認することが必要となります。

　幼児教育の教育方法に関わる基本的な考え方について，小学校での教育と比較しながら整理してみます。小学校の教育では，教科の学習内容を系統的に配列するカリキュラム（教科カリキュラム）で行われますが，幼児教育では子ども自身の興味・関心に基づいて，有意義かつ自発的な経験をさせるかということを目的としたカリキュラム（**経験カリキュラム**）で行われます。次に，小学校の教育では，学級単位の集団指導を原則として，教科用図書等の教材を活用して系統的な指導（直接教育）を行いますが，幼児教育では一人ひとりの興味・関心に応じて**環境を構成**し，子どもの自発的な活動を導く指導（間接教育）を行います。ここで「環境を構成する」という幼児教育の特徴を考えてみます。保育者は，環境を構成する際に，具体的に設定したねらいや内容を，乳幼児が実際の保育の中で経験できるように適切な環境を作り出すことが必要となります。ここで言う「環境」とは，図15 - 1のように，建物・設備・自然物といった物

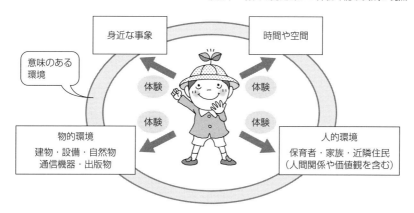

図15-1　意味のある環境

出所：筆者作成。

的環境や，保育者・家族・近隣住民（人間関係や価値観を含む）といった人的環境，さらには，保育を行う時間や空間，季節や行事といった身近な事象も含んでいます。つまり，環境を作る際，子どもが主体的に環境に関わり，そこで得られる直接的・具体的な体験を通じて，一人ひとりの発達を促す「**意味のある環境**」を作ることが保育者に求められています。

　また，保育実践を考えるカリキュラムの編成については，たとえば，柴田は，①国家的または政治的・経済的・社会的要求により定められている教育課程（国レベル），②学校で編成される教育課程（学校レベル），③個々の教師が計画し，実施する教育課程（教室レベル）といった3つの階層に区別しています。[3]
柴田が考えた3つの階層は，小学校以降におけるカリキュラム編成を想定していますが，幼児教育に置き換えると図15-2のように考えることができます。

　①国レベルは，幼稚園教育要領，保育所保育指針，幼保連携型認定こども園教育・保育要領がこれに該当します（以下，ナショナル・カリキュラムとします）。これらは，幼児教育の内容に関することや運営に関する事項を定めたものであり，園や保育者が幼児教育を行う際に配慮することが求められています。

---

(3)　柴田義松（2000）『教育課程——カリキュラム入門』有斐閣。

国レベル
（幼稚園教育要領，保育所保育指針，幼保連携型認定こども園教育・保育要領）
<u>国が</u>幼児教育の内容について定めている。園や保育者が配慮すべきとされるもの。

園レベル
（教育課程／全体的な計画／教育及び保育の内容並びに子育ての支援等に関する全体的な計画）
幼児教育の目標を達成するために，<u>園が在園から卒業までの</u>幼児教育の内容を組織的・計画的に編成する。

保育者レベル
（長期の指導計画と短期の指導計画）
教育課程／全体的な計画／教育及び保育の内容並びに子育ての支援等に関する全体的な計画に基づいて，<u>各教師（保育者）が</u>子どもへの指導として手順や方法を具体的に示したもの。

図15-2　カリキュラム編成に関する3つの階層

出所：柴田義松（2000）『教育課程——カリキュラム入門』有斐閣をもとに筆者作成。

　②園レベルは，幼稚園の「教育課程」，保育所の「全体的な計画」，幼保連携型認定こども園の「教育及び保育の内容並びに子育ての支援等に関する全体的な計画」がこれに該当します。これらは，幼児教育の目標や園の教育目標を達成するために，在園から卒業までの幼児教育の内容を組織的・計画的に編成して作ることになっています。

　③保育者レベルは，「長期の指導計画」と「短期の指導計画」が該当します。「長期の指導計画」とは，年間指導計画，期間指導計画，月の指導計画の3つを，「短期の指導計画」とは，週の指導計画，1日の指導計画の2つを，それぞれ指します。これらは，「教育課程」「全体的な計画」「教育及び保育の内容並びに子育ての支援等に関する全体的な計画」に基づいて，保育者が子どもへの指導に関する手順や方法を具体的に示したものです。

　以上の話をまとめると，日本では，①園は，ナショナル・カリキュラムで定められている教育内容をもとにしつつ教育課程や全体的な計画を作成する必要がある。②保育者は，園が定めた教育課程や全体的な計画に基づいた指導計画を作成する必要がある。そして，③実際に保育者が子どもたちに行う幼児教育

では，「意味のある環境」を構成し，子どもたちの自発的な活動を導く指導を行うといった特徴がある。つまり，日本で持続可能な実践を行う際には，ナショナル・カリキュラムの存在を無視して取り組むことはできません。では，日本以外の国々では，どのようなナショナル・カリキュラムがあるのでしょうか。ニュージーランドと韓国（大韓民国）のナショナル・カリキュラムを事例として考えてみましょう。

3　各国のナショナル・カリキュラム

1　ニュージーランド

　ニュージーランドでは，幼稚園，日本の保育園に該当する教育・保育センターだけでなく，プレイセンターやプレイグループといった，保護者同士のコミュニティが運営する保育もあります。その場所でも，0歳から就学までのすべての乳幼児保育施設に共通した国レベルのカリキュラム「**テ・ファリキ** (Te Whāriki)」が適用されています。「テ・ファリキ」は，カリキュラム開発を政府から委託されたワイカト大学のメイ（May, H.）とカー（Carr, M.）が，全国各地の保育施設の団体と協議を重ね，親も含めた保育関係者の声を集め，[4]
1996（平成8）年に作成されました。

　「テ・ファリキ」は，次に紹介する4つの原理と5つの要素が特徴です（図15-3）。

　まず，4つの原理とは，保育者が幼児教育を行う際の原則です。①「エンパワメント」：すべての子どもが自分の力を認識して強化し，他の人の力を強化できるように支援する，力を与えるカリキュラムを経験します。②「発達の全体性」：人間の発達は，認知・身体・情動・社会性など多くの観点がありますが，これらは，相互に関わっているものとして考える必要があります。③「家

(4)　塩崎美穂（2021）「ニュージーランドの保育カリキュラムとアセスメント概念の歴史的変遷──『テ・ファリキ』と『学びの物語』の源泉にある保育原理」『人文・社会科学論集』38，75〜91頁。

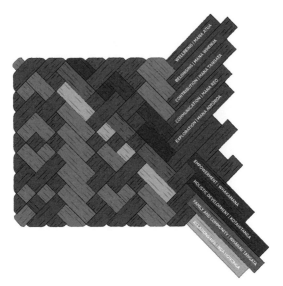

図15-3　テ・ファリキで示されている4つの原理と5つの要素のイメージ

出所：Te Whāriki（https://www.education.govt.nz/assets/Documents/Early-Childhood/Te-Whariki-Early-Childhood-Curriculum-ENG-Web.pdf　2023年12月24日閲覧）。なお，図の向かって右側，上から順に「5つの要素」（①ウェルビーイング，②所属感，③貢献，④コミュニケーション，⑤探索），「4つの原理」（①エンパワメント，②発達の全体性，③家族と地域，④関係性）。

族と地域」：子どもたちは，自分たちの文化，知識，コミュニティが認められ，周囲の人々が環境を越えてつながりを築くのを助けてくれたときに，最もよく学び，成長します。④「関係性」：人・場所・物に反応し相互的な関係の中で，子どもたちは自分の発想を試し，実用的な理論を磨く機会を得ます。

　これらの原則により，子どもに何が育つのかを示した5つの要素があります。①「ウェルビーイング」：子どもの幸福度を高めること。②「所属感」：子どもが家族や地域社会に帰属意識を持つこと。③「貢献」：他者との交流を通じて，子どもたちは他者の視点を持ち，共感すること。助けを求め，自分自身を他者の助けになると考え，自分の考えを議論したり説明したりすること。④「コミュニケーション」：子どもたち自身の文化と他の文化の言語，また，視覚的イメージ，芸術・リズムなどといったシンボルが促進・保護すること。⑤「探

索」：幼児が世界を探索し，学ぶこと，さらには，環境を尊重し，理解できるように支援すること。

　以上から，ニュージーランドでは，「独自のナショナル・カリキュラムの下，国家主導の手厚い乳幼児教育・保育サービスが提供され，居住するコミュニティぐるみで教育や子育てに参加しているという状況を窺うことができる。また，様々な文化や言語等，異なる背景を持つ人々が共存する国であるため，所々に文化的もしくは言語的にマイノリティである民族への配慮が感じられるところが，ニュージーランドの乳幼児教育・保育制度の特徴」[5]と指摘されています。

② 　韓国（大韓民国）

　韓国の幼児教育制度は，大まかには，３〜５歳児を対象とした幼稚園と，０〜５歳児を対象とした保育施設（オリニジップ）に分かれています。韓国では，2012年より，「幼児期において，質の高い教育を受けることのできる機会を平等に確保すること」を目的に，幼稚園と保育施設の共通カリキュラムとして**「ヌリ課程」**が導入されました。そのため，現在では満３〜５歳の子どもは，幼稚園・保育施設の区別なく，ひとつになった共通のカリキュラムの下で，質の高い教育を受けることのできる機会が確保されることになりました（なお，０〜２歳児の子どもは，2020年９月より「第４次オリニジップ標準保育課程」が施行されています）。

　2019年に改訂されたヌリ課程の特徴としては，「①当初のヌリ課程では規定されていなかった『目指す人間像』が明示されたこと，②『幼児中心，遊び中心』の内容へシフトされたこと，③幼児，教師，保護者，地域社会が共に作り上げていく教育課程へと変化したこと」[6]があげられています。実際に保育者が幼児教育を行う際に重要なのは②です。ヌリ課程を改訂する際，中心に行われ

---

(5)　髙橋一郎・加藤あや美（2017）「ニュージーランドにおける保育制度の現状のまとめとその検討」『名古屋短期大学研究紀要』55，77〜87頁。

(6)　酒井陽一朗（2023）「韓国の幼児教育『ヌリ課程』の変遷」『自治体国際化フォーラム』402，9〜10頁（https://www.clair.or.jp/j/forum/forum/pdf_402/04_sp.pdf　2023年９月６日閲覧）。

たのは，①個別の幼児の多様な特性を考慮した内容構成にしたこと，②幼児の自由な遊びを推奨したこと，③記録と観察等により，保育者と幼児との関わり合い（相互作用）を強調したこと，④保育者が行う実践の自立性を尊重するために細かい内容を削除したことの4点です。⁽⁷⁾

③ 「先進的」であること，「先進的」になること

ここまで，ニュージーランドと韓国のナショナル・カリキュラムを概観しました。最後に，「先進的」な持続可能な実践とは何かについて考えてみます。

この章では，まず，「持続可能」という言葉は，①これからも私たちがよりよく生活でき，かつ，②保育現場で向き合う子どもたちが将来よりよく生活できることであると確認しました。次に，保育現場で持続可能な実践を行う際には，ナショナル・カリキュラムが園レベル・保育者レベルに大きな影響を与えていることを説明しました。そして，ニュージーランド・韓国のナショナル・カリキュラムを事例として，カリキュラムの特徴を概説しました。

最後に，本章のタイトルにある「先進的」という言葉について，そもそも，持続可能な実践に「先進的」と「先進的でない」という基準はあるのでしょうか。まず，前提として，ナショナル・カリキュラムが園や保育者の実践を拘束するような場合は，SDGsに関わる幼児教育実践に取り組めない可能性もあります。しかしながら，ニュージーランドや韓国の事例では，むしろ，保育関係者の声を集めて作られたり，保育者の実践への自立性を尊重するようになったりした経緯があります。日本も例外ではなく，カリキュラム・マネジメントが強調される等，現場の自主性を尊重していく方向性となっています。つまり，私たちの実践も「先進的」になることができるということです。最後の復習課題で，現時点での「先進的」である取り組みを調べてみてください。

---

(7) 新井美保子・清水陽子・吉田真弓・キムヒジョン・丹羽孝（2023）「2019改訂ヌリ課程の研究——韓国幼保共通教育課程はどう変わったか」『愛知教育大学研究報告 教育科学編』72，1〜9頁。

復習課題

ニュージーランドと韓国が行っている持続可能な実践について，インターネットや
文献を用いて，実際に園や保育者が実践していることを調べてみましょう。

ワークシート　本章の復習として，以下の空欄を埋めてみましょう。

第1節

①　SDGs：(＿＿＿＿＿＿＿＿＿＿＿＿＿＿＿)

②　ユネスコが提示したSDGsと子どもに関わる課題

・(＿＿＿＿＿＿＿，＿＿＿＿＿)をなくすための目標

・すべての子どもを(＿＿＿＿・＿＿＿＿)から守るための目標

・子どもたちに(＿＿＿＿＿＿な＿＿＿＿)を残すための目標

第2節

③　教育方法：幼児教育(＿＿＿カリキュラム)⇔小学校教育(＿＿＿カリキュラム)

④　保育を行う「環境」

・(＿＿＿＿環境)：建物，設備，自然物

・(＿＿＿＿環境)：保育者・家族・近隣住民(人間関係や価値観を含む)

・保育を行う(＿＿＿＿)や(＿＿＿＿)

・季節や行事といった(＿＿＿＿＿現象)

⑤　カリキュラムの編成：(＿＿＿レベル) → (＿＿＿レベル) → (＿＿＿＿レベル)

第3節

⑥　ニュージーランドのナショナル・カリキュラム：(＿＿＿＿＿＿＿＿＿)

・4つの原理：(＿＿＿＿＿＿＿＿＿＿＿＿＿＿＿＿＿＿＿＿＿＿＿＿)

・5つの要素：(＿＿＿＿＿＿＿＿＿＿＿＿＿＿＿＿＿＿＿＿＿＿＿＿)

⑦　韓国の3〜5歳児のナショナル・カリキュラム：(＿＿＿＿＿＿＿＿＿)

(改訂のポイント)

・個別の幼児の多様な(＿＿＿＿＿＿)を考慮した内容構成にしたこと

・幼児の(＿＿＿＿＿＿＿＿)を推奨したこと

・記録と観察等により，保育者と幼児との(＿＿＿＿＿＿)を強調したこと

・保育者が行う実践の(＿＿＿＿)を尊重するために細かい内容を削除したこと

付録　社会福祉に関わる専門職の倫理綱領

全国保育士会倫理綱領

社会福祉法人 全国社会福祉協議会・全国保育協議会・全国保育士会　2003年2月26日採択

前文

すべての子どもは，豊かな愛情のなかで心身ともに健やかに育てられ，自ら伸びてい
く無限の可能性を持っています。

私たちは，子どもが現在（いま）を幸せに生活し，未来（あす）を生きる力を育てる
保育の仕事に誇りと責任をもって，自らの人間性と専門性の向上に努め，一人ひとり
の子どもを心から尊重し，次のことを行います。

・私たちは，子どもの育ちを支えます。

・私たちは，保護者の子育てを支えます。

・私たちは，子どもと子育てにやさしい社会をつくります。

（子どもの最善の利益の尊重）

1．私たちは，一人ひとりの子どもの最善の利益を第一に考え，保育を通してその福
祉を積極的に増進するよう努めます。

（子どもの発達保障）

2．私たちは，養護と教育が一体となった保育を通して，一人ひとりの子どもが心身
ともに健康，安全で情緒の安定した生活ができる環境を用意し，生きる喜びと力
を育むことを基本として，その健やかな育ちを支えます。

（保護者との協力）

3．私たちは，子どもと保護者のおかれた状況や意向を受けとめ，保護者とより良い
協力関係を築きながら，子どもの育ちや子育てを支えます。

（プライバシーの保護）

4．私たちは，一人ひとりのプライバシーを保護するため，保育を通して知り得た個
人の情報や秘密を守ります。

（チームワークと自己評価）

5．私たちは，職場におけるチームワークや，関係する他の専門機関との連携を大切
　　にします。

　　また，自らの行う保育について，常に子どもの視点に立って自己評価を行い，保
　　育の質の向上を図ります。

（利用者の代弁）

6．私たちは，日々の保育や子育て支援の活動を通して子どものニーズを受けとめ，
　　子どもの立場に立ってそれを代弁します。

　　また，子育てをしているすべての保護者のニーズを受けとめ，それを代弁してい
　　くことも重要な役割と考え，行動します。

（地域の子育て支援）

7．私たちは，地域の人々や関係機関とともに子育てを支援し，そのネットワークに
　　より，地域で子どもを育てる環境づくりに努めます。

（専門職としての責務）

8．私たちは，研修や自己研鑽を通して，常に自らの人間性と専門性の向上に努め，
　　専門職としての責務を果たします。

日本社会福祉士会の倫理綱領

公益社団法人 日本社会福祉士会　2020年6月30日採択

前文

　われわれ社会福祉士は，すべての人が人間としての尊厳を有し，価値ある存在であり，平等であることを深く認識する。われわれは平和を擁護し，社会正義，人権，集団的責任，多様性尊重および全人的存在の原理に則り，人々がつながりを実感できる社会への変革と社会的包摂の実現をめざす専門職であり，多様な人々や組織と協働することを言明する。

　われわれは，社会システムおよび自然的・地理的環境と人々の生活が相互に関連していることに着目する。社会変動が環境破壊および人間疎外をもたらしている状況にあって，この専門職が社会にとって不可欠であることを自覚するとともに，社会福祉士の職責についての一般社会及び市民の理解を深め，その啓発に努める。

　われわれは，われわれの加盟する国際ソーシャルワーカー連盟と国際ソーシャルワーク教育学校連盟が採択した，次の「ソーシャルワーク専門職のグローバル定義」（2014年7月）を，ソーシャルワーク実践の基盤となるものとして認識し，その実践の拠り所とする。

> 　ソーシャルワーク専門職のグローバル定義　ソーシャルワークは，社会変革と社会開発，社会的結束，および人々のエンパワメントと解放を促進する，実践に基づいた専門職であり学問である。社会正義，人権，集団的責任，および多様性尊重の諸原理は，ソーシャルワークの中核をなす。ソーシャルワークの理論，社会科学，人文学，および地域・民族固有の知を基盤として，ソーシャルワークは，生活課題に取り組みウェルビーイングを高めるよう，人々やさまざまな構造に働きかける。この定義は，各国および世界の各地域で展開してもよい。（IFSW；2014.7.）

　われわれは，ソーシャルワークの知識，技術の専門性と倫理性の維持，向上が専門職の責務であることを認識し，本綱領を制定してこれを遵守することを誓約する。

原理

1．（人間の尊厳）　社会福祉士は，すべての人々を，出自，人種，民族，国籍，性別，性自認，性的指向，年齢，身体的精神的状況，宗教的文化的背景，社会的地位，経済状況などの違いにかかわらず，かけがえのない存在として尊重する。

2．（人権）　社会福祉士は，すべての人々を生まれながらにして侵すことのできない権利を有する存在であることを認識し，いかなる理由によってもその権利の抑圧・侵害・略奪を容認しない。

3．（社会正義）　社会福祉士は，差別，貧困，抑圧，排除，無関心，暴力，環境破壊などの無い，自由，平等，共生に基づく社会正義の実現をめざす。

4．（集団的責任）　社会福祉士は，集団の有する力と責任を認識し，人と環境の双方に働きかけて，互恵的な社会の実現に貢献する。

5．（多様性の尊重）　社会福祉士は，個人，家族，集団，地域社会に存在する多様性を認識し，それらを尊重する社会の実現をめざす。

6．（全人的存在）　社会福祉士は，すべての人々を生物的，心理的，社会的，文化的，スピリチュアルな側面からなる全人的な存在として認識する。

倫理基準

Ⅰ　クライエントに対する倫理責任

1．（クライエントとの関係）　社会福祉士は，クライエントとの専門的援助関係を最も大切にし，それを自己の利益のために利用しない。

2．（クライエントの利益の最優先）　社会福祉士は，業務の遂行に際して，クライエントの利益を最優先に考える。

3．（受容）　社会福祉士は，自らの先入観や偏見を排し，クライエントをあるがままに受容する。

4．（説明責任）　社会福祉士は，クライエントに必要な情報を適切な方法・わかりやすい表現を用いて提供する。

5．（クライエントの自己決定の尊重）　社会福祉士は，クライエントの自己決定を尊重し，クライエントがその権利を十分に理解し，活用できるようにする。また，社会福祉士は，クライエントの自己決定が本人の生命や健康を大きく損ねる場合や，他者の権利を脅かすような場合は，人と環境の相互作用の視点からクライエントとそこに関係する人々相互のウェルビーイングの調和を図ることに努める。

6．（参加の促進）　社会福祉士は，クライエントが自らの人生に影響を及ぼす決定や行動のすべての局面において，完全な関与と参加を促進する。

7．（クライエントの意思決定能力への対応）　社会福祉士は，意思決定が困難なクライエントに対して，常に最善の方法を用いて利益と権利を擁護する。

8．（プライバシーの尊重と秘密の保持）　社会福祉士は，クライエントのプライバシーを尊重し秘密を保持する。

9．（記録の開示）　社会福祉士は，クライエントから記録の開示の要求があった場合，非開示とすべき正当な事由がない限り，クライエントに記録を開示する。

10．（差別や虐待の禁止）　社会福祉士は，クライエントに対していかなる差別・虐待もしない。

11．（権利擁護）　社会福祉士は，クライエントの権利を擁護し，その権利の行使を促進する。

12．（情報処理技術の適切な使用）　社会福祉士は，情報処理技術の利用がクライエントの権利を侵害する危険性があることを認識し，その適切な使用に努める。

Ⅱ　組織・職場に対する倫理責任

1．（最良の実践を行う責務）　社会福祉士は，自らが属する組織・職場の基本的な使命や理念を認識し，最良の業務を遂行する。

2．（同僚などへの敬意）　社会福祉士は，組織・職場内のどのような立場にあっても，同僚および他の専門職などに敬意を払う。

3．（倫理綱領の理解の促進）　社会福祉士は，組織・職場において本倫理綱領が認識されるよう働きかける。

4．（倫理的実践の推進）　社会福祉士は，組織・職場の方針，規則，業務命令がソーシャルワークの倫理的実践を妨げる場合は，適切・妥当な方法・手段によって提言し，改善を図る。

5．（組織内アドボカシーの促進）社会福祉士は，組織・職場におけるあらゆる虐待または差別的・抑圧的な行為の予防および防止の促進を図る。

6．（組織改革）社会福祉士は，人々のニーズや社会状況の変化に応じて組織・職場の機能を評価し必要な改革を図る。

Ⅲ　社会に対する倫理責任

1．（ソーシャル・インクルージョン）　社会福祉士は，あらゆる差別，貧困，抑圧，排除，無関心，暴力，環境破壊などに立ち向かい，包摂的な社会をめざす。

2．（社会への働きかけ）　社会福祉士は，人権と社会正義の増進において変革と開発が必要であるとみなすとき，人々の主体性を活かしながら，社会に働きかける。

3．（グローバル社会への働きかけ）　社会福祉士は，人権と社会正義に関する課題を解決するため，全世界のソーシャルワーカーと連帯し，グローバル社会に働きかける。

Ⅳ　専門職としての倫理責任

1．（専門性の向上）社会福祉士は，最良の実践を行うために，必要な資格を所持し，専門性の向上に努める。

2．（専門職の啓発）社会福祉士は，クライエント・他の専門職・市民に専門職としての実践を適切な手段をもって伝え，社会的信用を高めるよう努める。

3．（信用失墜行為の禁止）社会福祉士は，自分の権限の乱用や品位を傷つける行いなど，専門職全体の信用失墜となるような行為をしてはならない。

4．（社会的信用の保持）社会福祉士は，他の社会福祉士が専門職業の社会的信用を損なうような場合，本人にその事実を知らせ，必要な対応を促す。

5．（専門職の擁護）社会福祉士は，不当な批判を受けることがあれば，専門職として連帯し，その立場を擁護する。

6．（教育・訓練・管理における責務）社会福祉士は，教育・訓練・管理を行う場合，それらを受ける人の人権を尊重し，専門性の向上に寄与する。

7．（調査・研究）社会福祉士は，すべての調査・研究過程で，クライエントを含む研究対象の権利を尊重し，研究対象との関係に十分に注意を払い，倫理性を確保する。

8．（自己管理）社会福祉士は，何らかの個人的・社会的な困難に直面し，それが専門的判断や業務遂行に影響する場合，クライエントや他の人々を守るために必要な対応を行い，自己管理に努める。

日本介護福祉士会倫理綱領

公益社団法人 日本介護福祉士会 1995年11月17日宣言

前文

　私たち介護福祉士は，介護福祉ニーズを有するすべての人々が，住み慣れた地域において安心して老いることができ，そして暮らし続けていくことのできる社会の実現を願っています。

　そのため，私たち日本介護福祉士会は，一人ひとりの心豊かな暮らしを支える介護福祉の専門職として，ここに倫理綱領を定め，自らの専門的知識・技術及び倫理的自覚をもって最善の介護福祉サービスの提供に努めます。

１．利用者本位，自立支援

　介護福祉士はすべての人々の基本的人権を擁護し，一人ひとりの住民が心豊かな暮らしと老後が送れるよう利用者本位の立場から自己決定を最大限尊重し，自立に向けた介護福祉サービスを提供していきます。

２．専門的サービスの提供

　介護福祉士は，常に専門的知識・技術の研鑽に励むとともに，豊かな感性と的確な判断力を培い，深い洞察力をもって専門的サービスの提供に努めます。

　また，介護福祉士は，介護福祉サービスの質的向上に努め，自己の実施した介護福祉サービスについては，常に専門職としての責任を負います。

３．プライバシーの保護

　介護福祉士は，プライバシーを保護するため，職務上知り得た個人の情報を守ります。

４．総合的サービスの提供と積極的な連携，協力

　介護福祉士は，利用者に最適なサービスを総合的に提供していくため，福祉，医療，保健その他関連する業務に従事する者と積極的な連携を図り，協力して行動します。

5．利用者ニーズの代弁

　介護福祉士は，暮らしを支える視点から利用者の真のニーズを受けとめ，それを代弁していくことも重要な役割であると確認したうえで，考え，行動します。

6．地域福祉の推進

　介護福祉士は，地域において生じる介護問題を解決していくために，専門職として常に積極的な態度で住民と接し，介護問題に対する深い理解が得られるよう努めるとともに，その介護力の強化に協力していきます。

7．後継者の育成

　介護福祉士は，すべての人々が将来にわたり安心して質の高い介護を受ける権利を享受できるよう，介護福祉士に関する教育水準の向上と後継者の育成に力を注ぎます。

精神保健福祉士の倫理綱領

公益社団法人 日本精神保健福祉士会　2013年4月21日採択／2018年6月17日改訂

前文

　われわれ精神保健福祉士は，個人としての尊厳を尊び，人と環境の関係を捉える視点を持ち，共生社会の実現をめざし，社会福祉学を基盤とする精神保健福祉士の価値・理論・実践をもって精神保健福祉の向上に努めるとともに，クライエントの社会的復権・権利擁護と福祉のための専門的・社会的活動を行う専門職としての資質の向上に努め，誠実に倫理綱領に基づく責務を担う。

目的

　この倫理綱領は，精神保健福祉士の倫理の原則および基準を示すことにより，以下の点を実現することを目的とする。

1．精神保健福祉士の専門職としての価値を示す
2．専門職としての価値に基づき実践する
3．クライエントおよび社会から信頼を得る
4．精神保健福祉士としての価値，倫理原則，倫理基準を遵守する
5．他の専門職や全てのソーシャルワーカーと連携する
6．すべての人が個人として尊重され，共に生きる社会の実現をめざす

倫理原則

1．クライエントに対する責務
　(1)クライエントへの関わり
　　精神保健福祉士は，クライエントの基本的人権を尊重し，個人としての尊厳，法の下の平等，健康で文化的な生活を営む権利を擁護する。
　(2)自己決定の尊重
　　精神保健福祉士は，クライエントの自己決定を尊重し，その自己実現に向けて援助する。

(3)プライバシーと秘密保持

　　精神保健福祉士は，クライエントのプライバシーを尊重し，その秘密を保持する。

(4)クライエントの批判に対する責務

　　精神保健福祉士は，クライエントの批判・評価を謙虚に受けとめ，改善する。

(5)一般的責務

　　精神保健福祉士は，不当な金品の授受に関与してはならない。また，クライエントの人格を傷つける行為をしてはならない。

2．専門職としての責務

(1)専門性の向上

　　精神保健福祉士は，専門職としての価値に基づき，理論と実践の向上に努める。

(2)専門職自律の責務

　　精神保健福祉士は同僚の業務を尊重するとともに，相互批判を通じて専門職としての自律性を高める。

(3)地位利用の禁止

　　精神保健福祉士は，職務の遂行にあたり，クライエントの利益を最優先し，自己の利益のためにその地位を利用してはならない。

(4)批判に関する責務

　　精神保健福祉士は，自己の業務に対する批判・評価を謙虚に受けとめ，専門性の向上に努める。

(5)連携の責務

　　精神保健福祉士は，他職種・他機関の専門性と価値を尊重し，連携・協働する。

3．機関に対する責務

　　精神保健福祉士は，所属機関がクライエントの社会的復権を目指した理念・目的に添って業務が遂行できるように努める。

4．社会に対する責務

　　精神保健福祉士は，人々の多様な価値を尊重し，福祉と平和のために，社会的・政治的・文化的活動を通し社会に貢献する。

倫理基準

1. クライエントに対する責務

(1)クライエントへの関わり

　　精神保健福祉士は，クライエントをかけがえのない一人の人として尊重し，専門的援助関係を結び，クライエントとともに問題の解決を図る。

(2)自己決定の尊重

　a　クライエントの知る権利を尊重し，クライエントが必要とする支援，信頼のおける情報を適切な方法で説明し，クライエントが決定できるよう援助する。

　b　業務遂行に関して，サービスを利用する権利および利益，不利益について説明し，疑問に十分応えた後，援助を行う。援助の開始にあたっては，所属する機関や精神保健福祉士の業務について契約関係を明確にする。

　c　クライエントが決定することが困難な場合，クライエントの利益を守るため最大限の努力をする。

(3)プライバシーと秘密保持

　　精神保健福祉士は，クライエントのプライバシーの権利を擁護し，業務上知り得た個人情報について秘密を保持する。なお，業務を辞めたあとでも，秘密を保持する義務は継続する。

　a　第三者から情報の開示の要求がある場合，クライエントの同意を得た上で開示する。クライエントに不利益を及ぼす可能性がある時には，クライエントの秘密保持を優先する。

　b　秘密を保持することにより，クライエントまたは第三者の生命，財産に緊急の被害が予測される場合は，クライエントとの協議を含め慎重に対処する。

　c　複数の機関による支援やケースカンファレンス等を行う場合には，本人の了承を得て行い，個人情報の提供は必要最小限にとどめる。また，その秘密保持に関しては，細心の注意を払う。クライエントに関係する人々の個人情報に関しても同様の配慮を行う。

　d　クライエントを他機関に紹介する時には，個人情報や記録の提供についてクライエントとの協議を経て決める。

　e　研究等の目的で事例検討を行うときには，本人の了承を得るとともに，個人を特定できないように留意する。

　f　クライエントから要求がある時は，クライエントの個人情報を開示する。た

だし，記録の中にある第三者の秘密を保護しなければならない。

　　g　電子機器等によりクライエントの情報を伝達する場合，その情報の秘密性を保証できるよう最善の方策を用い，慎重に行う。

(4)クライエントの批判に対する責務

　　精神保健福祉士は，自己の業務におけるクライエントからの批判・評価を受けとめ，改善に努める。

(5)一般的責務

　　a　精神保健福祉士は，職業的立場を認識し，いかなる事情の下でも精神的・身体的・性的いやがらせ等人格を傷つける行為をしてはならない。

　　b　精神保健福祉士は，機関が定めた契約による報酬や公的基準で定められた以外の金品の要求・授受をしてはならない。

2．専門職としての責務

(1)専門性の向上

　　a　精神保健福祉士は専門職としての価値・理論に基づく実践の向上に努め，継続的に研修や教育に参加しなければならない。

　　b　スーパービジョンと教育指導に関する責務

　1）精神保健福祉士はスーパービジョンを行う場合，自己の限界を認識し，専門職として利用できる最新の情報と知識に基づいた指導を行う。

　2）精神保健福祉士は，専門職として利用できる最新の情報と知識に基づき学生等の教育や実習指導を積極的に行う。

　3）精神保健福祉士は，スーパービジョンや学生等の教育・実習指導を行う場合，公正で適切な指導を行い，スーパーバイジーや学生等に対して差別・酷使・精神的・身体的・性的いやがらせ等人格を傷つける行為をしてはならない。

(2)専門職自律の責務

　　a　精神保健福祉士は，適切な調査研究，論議，責任ある相互批判，専門職組織活動への参加を通じて，専門職としての自律性を高める。

　　b　精神保健福祉士は，個人的問題のためにクライエントの援助や業務の遂行に支障をきたす場合には，同僚等に速やかに相談する。また，業務の遂行に支障をきたさないよう，自らの心身の健康に留意する。

(3)地位利用の禁止

精神保健福祉士は業務の遂行にあたりクライエントの利益を最優先し，自己の個人的・宗教的・政治的利益のために自己の地位を利用してはならない。また，専門職の立場を利用し，不正，搾取，ごまかしに参画してはならない。

(4)批判に関する責務

a　精神保健福祉士は，同僚の業務を尊重する。

b　精神保健福祉士は，自己の業務に関する批判・評価を謙虚に受けとめ，改善に努める。

c　精神保健福祉士は，他の精神保健福祉士の非倫理的行動を防止し，改善するよう適切な方法をとる。

(5)連携の責務

a　精神保健福祉士は，クライエントや地域社会の持つ力を尊重し，協働する。

b　精神保健福祉士は，クライエントや地域社会の福祉向上のため，他の専門職や他機関等と協働する。

c　精神保健福祉士は，所属する機関のソーシャルワーカーの業務について，点検・評価し同僚と協働し改善に努める。

d　精神保健福祉士は，職業的関係や立場を認識し，いかなる事情の下でも同僚または関係者への精神的・身体的・性的いやがらせ等人格を傷つける行為をしてはならない。

3．機関に対する責務

精神保健福祉士は，所属機関等が，クライエントの人権を尊重し，業務の改善や向上が必要な際には，機関に対して適切・妥当な方法・手段によって，提言できるように努め，改善を図る。

4．社会に対する責務

精神保健福祉士は，専門職としての価値・理論・実践をもって，地域および社会の活動に参画し，社会の変革と精神保健福祉の向上に貢献する。

おわりに

　2000（平成12）年の社会福祉基礎構造改革に伴う「社会福祉法」成立とともに，超高齢化社会に対応すべく介護保険制度も施行されました。急増する障害児・者に対する支援とインクルーシブな社会を構築すべく，2006（平成18）年には「障害者自立支援法」が施行され，2012（平成24）年から「障害者総合支援法」に改題されました。また待機児童の解消と保護者の負担軽減および社会全体での子育て支援体制の確立のため，2015（平成27）年から「子ども・子育て支援法」がスタートしました。

　めまぐるしく様々な社会保障や社会福祉に関する制度が成立したり改正されたりしている中で，専門職（保育士・幼稚園教諭・保育教諭，社会福祉士・精神保健福祉士・介護福祉士など）には常に最新かつ高度な知識や技術が要請される状況となっています。一方で，普遍的な価値や倫理が存在し，倫理綱領や指針・要領等に沿った援助や支援を行うことを忘れることはできません。

　このような状況の中で，各養成校に多様な学生が入学する昨今，多種のアクティブラーニングが可能で，要点を押さえたコンパクトな書籍を作成することが求められました。そのため，刊行にあたり，この思いを共有した各方面の研究者でもある教員が編者となるべく集結し，複眼的な議論のうえで本書企画を練り上げました。さらには，社会福祉，子ども家庭福祉や子育て支援，障害児支援，社会的養護などの子どもを取り巻く社会福祉に関する諸問題について研究されている先生や職務経験が豊富な先生方に執筆を担っていただきました。原稿を何度も読み返し，より質の高い内容を目指したため，執筆者の先生方にも無理な修正や工夫を願いすることもありましたが，常に快く応えていただき心より感謝しております。

　最後になりますが，企画や編集に当たり，ミネルヴァ書房・営業部長の神谷

透氏，編集部の亀山みのり氏から種々のアドバイスやご指導ご鞭撻を賜り刊行ができましたことに深謝申し上げます。

　2024年3月

編者一同

さくいん

《執筆者紹介》執筆順，＊は編者

坪田章彦（つぼた・あきひこ）第1章
　　現　在　兵庫大学短期大学部准教授。

＊馬場幸子（ばんば・さちこ）第2章
　　編著者紹介参照。

迫共（さこ・ともや）第3章
　　現　在　比治山大学現代文化学部准教授，社会福祉法人マナ会理事。
　　主　著　『教育課程・保育計画総論——乳幼児期から小学校教育へつながる計画』（共
　　　　　　著）建帛社，2023年。
　　　　　　『新・子ども家庭福祉——私たちは子どもに何ができるか』（共著）教育情報
　　　　　　出版，2020年。

＊西川友理（にしかわ・ゆり）第4章
　　編著者紹介参照。

＊田邉哲雄（たなべ・てつお）第5章
　　編著者紹介参照。

稲垣由香里（いながき・ゆかり）第6章
　　現　在　大阪総合保育大学児童保育学部講師。
　　主　著　『乳児保育（第4版）』（共著）みらい，2022年。

＊矢ヶ部陽一（やかべ・よういち）第7章
　　編著者紹介参照。

古川隆幸（ふるかわ・たかゆき）第8章
　　現　在　尚絅大学こども教育学部准教授。
　　主　著　『実践から学ぶ社会的養護——児童養護の原理』（共著）保育出版社，2010年。
　　　　　　『ワークシートで学ぶ施設実習——Let's have a dialogue!』（共著）同文書院，
　　　　　　2020年。

塩田祥子 (しおた・しょうこ) 第9章
　現　在　桃山学院大学非常勤講師。
　主　著　『介護技術の自己点検——介護の専門性を求めて』（共著）創元社，2011年。
　　　　　『保育士をめざす人の社会的養護Ⅱ（新版）』（共著）みらい，2020年。

中村豪志 (なかむら・たけし) 第10章
　現　在　早稲田大学人間科学学術院人間科学部助手。
　主　著　『学校現場における里親家庭で暮らす子どもへの支援——里親，ソーシャル
　　　　　ワーカー，教員へのガイド』（共監訳）明石書店，2023年。

久保英樹 (くぼ・ひでき) 第11章
　現　在　中九州短期大学教授。
　主　著　『入門高齢者福祉』（共著）ミネルヴァ書房，2023年。

秦佳江 (はた・かえ) 第12章
　現　在　久留米大学人間健康学部講師。
　主　著　『ソーシャルワーク演習のための88事例——実践につなぐ理論と技法を学ぶ』
　　　　　（共著）中央法規出版，2013年。

＊灰谷和代 (はいたに・かずよ) 第13章
　編著者紹介参照。

＊立花直樹 (たちばな・なおき) 第14章
　編著者紹介参照。

寺谷直輝 (てらたに・なおき) 第15章
　現　在　聖霊女子短期大学講師。
　主　著　『図解でわかる障害福祉サービス』（共著）中央法規出版，2022年。

《編著者紹介》

立花直樹 (たちばな・なおき)
　　現　在　関西学院短期大学准教授，社会福祉法人亀望会監事，社会福祉法人慶生会理
　　　　　　事，社会福祉法人ポポロの会評議員，社会福祉法人大阪重症心身障害児者を
　　　　　　支える会評議員。
　　主　著　『保育・幼児教育・子ども家庭福祉辞典』（共編著）ミネルヴァ書房，2021年。
　　　　　　『ソーシャルワーカーのための災害福祉論』（共編著）ミネルヴァ書房，2023年。

田邉哲雄 (たなべ・てつお)
　　現　在　兵庫大学教育学部教授。
　　主　著　『子ども家庭福祉論（第4版）』（共編著）晃洋書房，2022年。
　　　　　　『学校 - 家庭 - 地域をつなぐ子ども家庭支援アセスメントガイドブック』（共
　　　　　　著）中央法規出版，2023年。

馬場幸子 (ばんば・さちこ)
　　現　在　関西学院大学人間福祉学部教授。
　　主　著　『学校現場で役立つ「問題解決型ケース会議」活用ハンドブック――チーム
　　　　　　で子どもの問題に取り組むために』（編著）明石書店，2013年。
　　　　　　『教師のためのスクールソーシャルワーカー入門――連携・協働のために』
　　　　　　（共編著）大修館書店，2019年。

灰谷和代 (はいたに・かずよ)
　　現　在　静岡福祉大学子ども学部准教授。
　　主　著　『子ども家庭支援論』（共著）アイ・ケイコーポレーション，2023年。
　　　　　　『教育と福祉の基本問題――人間と社会の明日を展望する』（共著）晃洋書房，
　　　　　　2018年。

西川友理 (にしかわ・ゆり)
　　現　在　大阪キリスト教短期大学特任教員（講師）。
　　主　著　『コンパス保育者論』（共著）建帛社，2021年。
　　　　　　『社会的養護Ⅱ』（共著）萌文書林，2021年。

矢ヶ部陽一 (やかべ・よういち)
　　現　在　西九州大学短期大学部講師。
　　主　著　『ソーシャルワークの基盤と専門職Ⅰ（基礎）』（共著）ミネルヴァ書房，2022年。
　　　　　　『ソーシャルワークの理論と方法Ⅰ（共通）』（共著）ミネルヴァ書房，2023年。

プラクティス／保育・福祉のはじまり
社会福祉

2024年5月1日　初版第1刷発行　　　　〈検印省略〉

定価はカバーに
表示しています

編著者	立花　直樹 田邉　哲雄 馬場　幸子 灰谷　和代 西川　友理 矢ヶ部陽一
発行者	杉田　啓三
印刷者	中村　勝弘

発行所　株式会社　ミネルヴァ書房
607-8494　京都市山科区日ノ岡堤谷町1
電話代表　075-581-5191
振替口座　01020-0-8076

© 立花ほか, 2024　　　　中村印刷・吉田三誠堂製本

ISBN978-4-623-09715-9

Printed in Japan

プラクティス／保育・福祉のはじまり

順次刊行／Ａ５判　並製

社会福祉
立花直樹・田邉哲雄・馬場幸子・灰谷和代・西川友理・矢ヶ部陽一 編著
204頁　本体2200円

子ども家庭支援論
立花直樹・丸目満弓・田邉哲雄・馬場幸子・渡辺俊太郎・灰谷和代 編著

子ども家庭福祉
立花直樹・丸目満弓・灰谷和代・松木宏史・葛谷潔昭・秦佳江 編著

社会的養護Ⅰ

社会的養護Ⅱ

子育て支援

ミネルヴァ書房
https://www.minervashobo.co.jp/